Jean Cocteau

WERKAUSGABE IN ZWÖLF BÄNDEN

Herausgegeben von Reinhard Schmidt

Band 1

ERZÄHLENDE PROSA I

FISCHER TASCHENBUCH VERLAG

Jean Cocteau

DIE GROSSE KLUFT

Aus dem Französischen übersetzt
von Friedrich Hagen

DAS WEISSBUCH

Aus dem Französischen übersetzt
von Karsten Witte

FISCHER TASCHENBUCH VERLAG

Ungekürzte Ausgabe
Veröffentlicht im Fischer Taschenbuch Verlag GmbH,
Frankfurt am Main, April 1988

Umschlaggestaltung: Manfred Walch
Herstellung: Alexander Gutfreund
Satz: Fotosatz Otto Gutfreund, Darmstadt
Druck und Bindung: Clausen & Bosse, Leck
Printed in Germany
ISBN 3-596-29201-8

Über dieses Buch In lapidarer Kürze und leichtem Tonfall erzählt Cocteaus erster Roman *Die große Kluft* eine Liebesgeschichte, hinter der der Tod lauert. Der Eintritt ins erotische Erwachsenenleben bringt bedrohliche Gefühlsverstrickungen mit sich. Denn das Wunschbild der Schönheit, das Jacques Forestier, den jungen Helden des Romans, lockt und quält, reißt eine Kluft auf, die ihn in der Wirklichkeit nicht Fuß fassen läßt.
Wenn Cocteau diesem Jacques deutlich viele seiner eigenen Züge aufgeprägt hat, treten solch autobiographische Parallelen stärker noch in dem *Weißbuch* hervor. Nirgends sonst hat Cocteau so unverhüllt seine Homosexualität zur Schau gestellt. Zahlreiche andernorts entwickelte Themen seines Werks bindet er hier in eine erotische Erzählung ein.
Einführende Bemerkungen des Herausgebers zur Ästhetik Jean Cocteaus und zu der mit diesen beiden Texten beginnenden zwölfbändigen Auswahl aus seinem Werk beschließen das Buch.

JEAN COCTEAU
WERKAUSGABE IN ZWÖLF BÄNDEN

☆

DIE GROSSE KLUFT · DAS WEISSBUCH
Erzählende Prosa I

THOMAS DER SCHWINDLER
DAS PHANTOM VON MARSEILLE
Erzählende Prosa II

KINDER DER NACHT
Erzählende Prosa III

DIE HOCHZEIT AUF DEM EIFFELTURM
ORPHEUS · DIE HÖLLENMASCHINE
Theater I

DIE GELIEBTE STIMME · DER DOPPELADLER
Theater II

OPERA · CHORAL
Gedichte I

SPIEGELSCHRIFTEN
Gedichte II

DAS BLUT EINES DICHTERS
DIE SCHÖNE UND DAS TIER · ORPHEE
Filme

DAS BERUFSGEHEIMNIS
Kritische Poesie I

OPIUM
Kritische Poesie II

DIE SCHWIERIGKEIT, ZU SEIN
Kritische Poesie III

DIE FARBEN DER ERINNERUNG
DER LEBENSWEG EINES DICHTERS
Kritische Poesie IV

INHALT

DIE GROSSE KLUFT

Aus dem Französischen übersetzt
von Friedrich Hagen

Lachen, um nicht zu weinen
CAP DE B. E.

I

Jacques Forestier war sentimental. Rührselige Filme, Schmachtmusik, ein Feuilleton-Roman brachten ihn zum Heulen. Unechter Herzensbeweis, den er nicht mit echten Tränen verwechselte. Denn diese scheinen ohne ersichtlichen Anlaß zu fließen.

Da er seine Tränchen im Schatten einer Loge verbarg oder allein mit einem Buch, und da echte Tränen selten sind, galt er als gefühlsarm und geistreich.

Sein Ruf eines witzigen Kopfs gründete sich auf seine geistige Wendigkeit. Er holte, was sich irgendwie zusammenreimte, aus allen Winkeln der Welt und fügte es so aneinander, daß es schien, als hätte es sich von jeher so und nicht anders gereimt. Unter Reim verstehen wir hier: alles, gleichgültig was.

Auf diese Weise ging er rücksichtslos mit Eigennamen, Gesichtern, Vorgängen, schüchternen Einwänden um und trieb seine Wortspielereien bis zum Äußersten. Diese Manier brachte ihm den Ruf eines Aufschneiders ein.

Vergessen wir nicht seine Bewunderung für schöne Gestalten und schöne Gesichter, wes Geschlechts sie auch sein mochten. Für diese Eigentümlichkeit verlieh man ihm den Titel eines Menschen mit zweifelhaften Sitten. Dieser Titel ist die einzige Sache, die man verleiht, ohne sie erst lange hin und her zu wenden.

Jacques besaß nicht das Aussehen, das er sich gewünscht hätte. Er entsprach nicht dem Bild, das er sich von einem jungen Mann machte. Da er sich zu weit von diesem

Ideal entfernt wußte, versuchte er auch nicht, es zu erreichen. Er unterstrich seine Schwächen, seine Schrullen, seine lächerlichen Seiten und pflegte sie so lange, bis sie ihre Gezwungenheit verloren. Mit Absicht trug er sie offen zur Schau.

So bearbeitete er einen Boden, der nichts hergab, überzüchtete und veredelte er das wuchernde Unkraut, und das alles verlieh seinem Gehaben eine gewisse Härte, die schlecht zu seinem weichen Wesen paßte.

Auch hatte er sich auf diese Weise aus einem Schlanken in einen Hageren verwandelt, aus einem Nervösen in einen Überempfindlichen, dessen Nerven bloßzuliegen schienen. Seine strohgelben Haare wuchsen nach allen Richtungen, und da es ihm nicht gelang, sie zu bändigen, entschied er sich für eine struppige Mähne.

Im übrigen verschaffte ihm dieses ungekünstelte Aussehen alle Vorteile des gekünstelten. Es verhüllte eine gewisse bürgerliche Neigung zum Wohlgeordneten, die krankhafte Selbstlosigkeit, die er vom Vater geerbt hatte, und die mütterliche Melancholie.

Wenn er einem der gewitzten, mitleidlosen Pariser Jäger in die Hände fiel, war es ein leichtes, ihm den Kragen umzudrehen. Man konnte mit einem einzigen Wort alle seine Vorsätze über den Haufen werfen.

Aus Abneigung gegen die dümmliche Überheblichkeit, gerade die Gegenposition zum Geist seiner eigenen Klasse zu beziehen, eignete sich Jacques diesen Geist zwar an, aber in so eigentümlicher Weise, daß ihn die Seinen als einen Außenseiter empfinden mußten.

Alles in allem genommen besaß er eine Fähigkeit der Anpassung, die ihn in den Augen der Seinen verdächtig machte, eine Art animalischer Geschmeidigkeit. Er gab sich zugleich aristokratisch und als Kind des Volks und ertrug in Wahrheit weder die Aristokratie noch die Masse, kurz, er hätte zehnmal am Tag die Bastille und die Guillotine verdient.

Er bequemte sich weder der politischen Rechten an noch einer Linken, die er für lau hielt. Da er gern übertrieb, brachte er es ebensowenig fertig, irgendeine goldene Mitte in Erwägung zu ziehen.

»Die Extreme berühren sich«, sagte er und träumte von einer makellosen extremen Rechten, die sich mit der äußersten Linken berührt und schließlich mit ihr verschmilzt, ihm aber erlaubte, nach eigenem Ermessen zu handeln. Diesen Parlamentssitz gibt es noch nicht, oder wenn es ihn gibt, so hat sich noch niemand auf ihm niedergelassen. Jacques nahm ihn kraft eigener Machtvollkommenheit ein, und von hier aus erwog er alle Dinge der Politik, der Kunst, der Moral.

Er strebte nicht nach Belohnung. Das nehmen die Leute einem übel.

Die Streber, weil der Uneigennützigkeit oft ein gewisser Erfolg beschieden ist, den sie unweigerlich als das Werk interessierter Machenschaften deuten. Und die anderen, die die Belohnungen verteilen, weil man sie nicht darum angeht.

Arrivieren, sein Ziel erreichen! Jacques fragte sich, wohin das führt. Bonaparte am Ziel – ist es der Napoleon der Krönung oder der andre auf Sankt Helena? Kommt ein Zug dadurch ans Ziel, daß er von sich reden macht, weil er entgleist und seine Insassen tötet? Kommt er mehr zum Ziel, wenn er bis zur Endstation gelangt?

Wenn ich Jacques ganz frei heraus kennzeichnen will, dann muß ich ihn einen Schmarotzer auf Erden nennen.

Bitte, welcher Ausweis gestattet, das Leben zu genießen dank einer guten Mahlzeit, eines schönen Abends, eines Mädchens und der Mitmenschen? Jacques möge diesen Ausweis vorzeigen. Die ganze Gesellschaft tritt wie ein Polizist vor ihn hin und fordert den Ausweis. Er stammelt Ausreden. Er findet ihn nicht.

Dieser Genießer, der seine Füße kräftig auf den Boden setzt, dieser Bursche, der über Landschaften und Menschenwerke nörgelt, hängt in Wahrheit nur mit einem Faden an der Erde. Er ist bleischwer wie ein Taucher.

Jacques müht sich irgendwo auf einem Grund ab, den er nur errät. Er hat sich schließlich daran gewöhnt. Man zieht ihn nicht mehr an die Oberfläche hinauf. Man hat ihn *vergessen*. Wieder hinaufsteigen, den Taucherhelm und die Rüstung ablegen, das wäre der Schritt vom Leben zum Tod. Aber durch den Luftschlauch kommt ihm ein unwirklicher Hauch zu, der ihn am Leben erhält und mit Heimweh erfüllt.

Jacques schlägt sich mit einem anhaltenden Schwächegefühl herum. Er weiß, daß er nicht standfest ist. Er faßt nicht Fuß, außer zum Spaß. Kaum daß er sich einen Augenblick festzusetzen wagt. Er gehört zu jenen Seeleuten, die ihr Leben lang Heimweh nach dem Meer haben.

Und dann: die ausschließlich physische Schönheit dreht und wendet sich wie ein Pfau, als sei sie überall bei sich zu Haus. Jacques beneidet sie, er fühlt sich verbannt. Je weniger liebenswert sie ist, desto mehr erregt sie ihn. Jacques' Schicksal ist es, beständig von ihr verletzt zu werden.

Durch Saalfenster sieht er verstohlen einem Ball zu, beobachtet diese lebenslustige Rasse mit dem einwandfreien Ausweis. Sie fühlt sich in ihrem wahren Element und hat keine Taucherausrüstung nötig.

Er verschönt ihre harten Gesichter mit seinen Träumen.

Das alles würde die Handschrift des Jacques Forestier einem idealen Graphologen verraten. Unterdessen betrachtet sich Jacques in einem Schrankspiegel.

Täuschen Sie sich nicht! Wir haben Jacques mit uns zugewandtem Gesicht gezeichnet, aber selbst dann gibt sich sein Charakter nur im Profil. Deshalb dachten wir an einen idealen Schriftdeuter. Er müßte, während er den Grundstrichen der Schrift nachgeht, die ganze Lebenslinie herausschälen. Aus Jacques wird der Mann, den wir eben gesehen haben, zum Teil aufgrund dessen werden, was nun folgt; und dies wiederum wird ihm zum Teil deshalb zustoßen, weil er so ist, wie wir ihn gezeigt haben.

Die Dinge, die Atome nehmen ihre Rolle ernst. Wenn so ein Spiegel nicht ganz bei der Sache wäre, könnte Jacques ohne Zweifel mit zwei Schritten in die spiegelnde Tiefe hineingehen und sich unter einem ganz neuartigen Lebenswinkel befinden. Nein. Der Spiegel läßt sich nicht beikommen. Spiegel ist Spiegel. Schrank ist Schrank. Und das Zimmer ein Zimmer im zweiten Stock, Rue de l'Estrapade, Wippgalgenstraße.

Jacques denkt beiläufig an den Engländer, der Selbstmord beging und folgende Zeilen hinterließ: *»Es gibt viel zu viele Knöpfe zum Auf- und Zuknöpfen, das bringt einen um.«* Denn Jacques war gerade dabei, seinen Rock aufzuknöpfen.

Abwarten! Was abwarten? Jacques würde ja gerne irgend etwas Greifbares erwarten und so das Warten vereinfachen. Er war ungläubig oder glaubte auf eine so verworrene Weise, daß ihn seine Mutter für einen Atheisten hielt und für ihn betete.

Verschwommene Gläubigkeit führt zu einem Dilettantismus der Seele. Aber der Dilettantismus gilt als unsozial. Jacques glaubte an zu vieles. Er grenzte seinen Glauben nicht ab und gab ihm keine genaue Form. Beschränkung des Glaubens ruft einen gewissen Seelenzustand hervor, so wie genaue Begrenzung des Geschmacks in künstlerischen Dingen eine bestimmte Geisteshaltung bewirkt.

Jacques betrachtete sich im Spiegel. Er zwang sich zu diesem Schauspiel.

Wir sind erfüllt von Dingen, die uns aus uns selber vertreiben. Seit seiner Kindheit hatte er sich gewünscht, diejenigen zu *sein,* die er schön fand, und nicht, sich von ihnen lieben zu lassen. Seine eigene Schönheit mißfiel ihm. Er hielt sie für abstoßend.

Erinnerungen an menschliche Schönheit blieben in ihm zurück wie Narben von Wunden. Er dachte an den Abend in Mürren zurück. Im Tal trinkt man noch schnell ein kaltes Bier, das einem die Schläfen auseinandertreibt. Dann fährt uns die Bergbahn zwischen Brombeergestrüpp in die Höhe.

Nach und nach verstopfen sich die Ohren, und die Nase wird frei. Man kommt oben an.

Jacques war elf Jahre alt. Im Geist sieht er den Priester wieder, der seinen Koffer verloren hat. Er erlebt noch einmal die ganze Schläfrigkeit des Hotels und den Harzduft

und die staubige Ankunft im Salon, wo die Damen Patiencen legen und die Herren hinter Zeitungen rauchen. Man wartet vor dem Gitter des Aufzugs, und auf einmal kommt die Kabine herab und lädt einen jungen Mann und ein junges Mädchen aus. Sie haben dunkelgebräunte Gesichter, blinkende Augen und lachen mit prachtvoll entblößten Zähnen.

Das Mädchen trägt ein weißes Kleid mit blauem Gürtel. Der junge Mann ist im Smoking. Man hört Tellergeklapper, und der Küchengeruch verpestet die Gänge.

In seinem Zimmer, das auf eine Eiswand hinausgeht, betrachtet sich Jacques im Spiegel. Er vergleicht sich mit dem jungen Paar und möchte am liebsten in den Boden versinken.

Bald darauf lernte er die jungen Leute kennen. Tigran d'Ybreo, Sohn eines Armeniers aus Kairo, sammelte Briefmarken und fabrizierte widerlich süßes Zuckerzeug auf einem Spirituskocher. Seine Schwester Idji trug neue Kleider und ausgetretene Schuhe. Sie tanzten zusammen.

Die ausgedienten Schuhe und die Honigkuchen zeugten von einer zwar königlichen, aber geizigen Rasse. Jacques sehnte sich nach dieser Küche und nach dieser Heruntergekommenheit. Er war darauf neidisch. Er sah darin die einzige Möglichkeit, sich mit diesen beiden Tempelkatzen zu identifizieren. Er nahm sich vor, Briefmarken zu sammeln und Karamelbonbons zuzubereiten. Mit Absicht verschliß er seine Tennisschuhe.

Idji hustete. Sie war tuberkulös. Tigran brach sich beim Eislaufen das Bein. Der Vater erhielt Telegramme. Eines Morgens zogen sie ab, hustend und hinkend und von einem Hund gefolgt, der geheimnisvoll war wie Anubis.

Jacques hustete. Seine Mutter wurde verrückt vor Sorge.

Ihre Angst ließ ihn kalt. Er hustete aus Liebe. Auf der Straße hinkte er heimlich.

Jeden Abend nach dem Diner vergrub er sich in einen Korbsessel und glaubte Idji mit ihrem Jungfrau-Maria-Gewand vor sich zu sehen, in der erleuchteten Kabine des Aufzugs, zwischen dem Hoteldiener und Tigran, von Engeln zum Himmel hinaufgetragen.

Von seinem elften bis zu seinem achtzehnten Lebensjahr verzehrte er sich wie armenisches Papier, das im Handumdrehen verbrennt und schlecht riecht.

Eines Tages hörten die Reisen in die Schweiz auf. Madame Forestier schleppte ihn über die italienischen Seen nach Venedig.

An den Ufern des Lago Maggiore begegnete er einem Studenten, der Bergson und Taine mit Randglossen spickte. Er hatte einen blonden Schnurrbart, einen Kneifer und blinzelte wie ein nachgemachter Barrès. Seine Intelligenz war nadelspitz. Er spitzte sie genießerisch noch mehr zu, wie eine Zuckerstange mit den Lippen. Dieser ungezügelte Zögling sprach voll Geringschätzung von den Borromeischen Inseln. Er verlieh ihnen den Spitznamen »Die Schwestern Isola«.*

Bei diesem Wortspiel gingen Jacques zum erstenmal die Augen auf. Er entdeckte, wie frei man mit den Bedeutungen der Worte schalten und walten kann. Er hatte jene Inselnamen zuerst ohne Nachdenken hingenommen.

* [*Anm. d. Übers.:* In jener Zeit gab es in Paris zwei bekannte Theaterdirektoren: das unzertrennliche Brüderpaar der *»Frères Isola«*, der »Brüder Isola«. Daher das Wortspiel mit dem Namen der schwesterlichen Inseln »Isola bella« usw.]

Eine auseinandergenommene Prachtschießbude, so ist Venedig bei Tag. Nachts ist es eine verliebte Negerin, die mit ihrem Talmischmuck in einer Badewanne ersoff.

Am Abend der Ankunft ist die Hotelgondel noch so verlockend wie eine Jahrmarktsattraktion. Sie ist kein gewöhnliches Verkehrsmittel. Leider denken Eltern darüber anders. Venedig wird erst morgen beginnen. Heute abend wird keine Gondel genommen, sondern ein Omnibus. Die Koffer werden nachgezählt. Kein Blick gilt der Stadt, die aussieht wie die Kulissen in der Oper während der Pause.

Am nächsten Morgen sah Jacques den Strom der Touristen. Auf dem Markusplatz fällt diese elegante Menge auf die Theaterdekoration herein und plaudert wie auf einem Maskenball alle ihre Geheimnisse aus. In einer kaltschnäuzigen Schamlosigkeit vermischen sich Alter und Geschlecht. Hier vollführen die Schüchternsten endlich die großartige Geste und tragen das gewagte Kostüm, so wie sie es sich verschämt in London oder Paris gedacht und erträumt haben.

Es ist eine Tatsache, daß der Maskenball demaskiert. Er ist wie eine Ausmusterung. Im Licht von Venedigs Rampen und Scheinwerfern zeigen sich die Seelen nackt.

Jacques' Liebesqual nahm hier eine noch enttäuschendere Wendung an als in Mürren.

Nachts unter seinem Moskitonetz lauschte er den Gitarren und den Tenören. Er ahnte geheime Stelldichein. Er war unglücklich, daß er nicht die Stadt selber sein konnte. Heliogabal forderte selbst in seiner schlimmsten Laune nicht so viel.

Der Student von Bareno kam durch Venedig. Er machte Jacques mit einem jungen Journalisten und mit einer Tänzerin bekannt. Sie gingen oft zusammen aus.

Eines Nachts, als Jacques von dem Journalisten nach Hause begleitet wurde, sagte dieser:

»Ich lebe in Paris in einem abscheulichen Milieu. Das junge Mädchen weiß nichts davon, und ich liebe sie. Zu Haus wird es mir unmöglich sein, meine alten Beziehungen wieder aufzunehmen. Andrerseits weiß ich genau, daß es mir schwerfallen wird, mit ihnen zu brechen.«

»Aber ... wenn Berthe Sie liebt ...« (Die Tänzerin hieß Berthe.)

»Oh, sie liebt mich nicht. Das müßten Sie eigentlich schon bemerkt haben. Im übrigen habe ich beschlossen, mich in zwei Stunden umzubringen.«

Jacques zog ihn mit dem klassischen Selbstmord in Venedig auf und wünschte ihm gute Nacht.

Der Journalist brachte sich um. Die Tänzerin liebte Jacques. Er merkte nichts und erfuhr es erst einige Jahre später aus dem Mund eines Dritten.

Seit diesem Zwischenfall erschien ihm eine gewisse Sumpffieberpoesie als geschmacklos. Von einem Spaziergang im Garten Eaden brachte er überdies ein Wechselfieber mit, unangenehme Erinnerung an seinen Abstecher nach Venedig.

Madame Forestier hatte Furcht vor Schnupfen, Bronchitis und Verkehrsunfällen. Sie blieb jedoch blind gegenüber den Gefahren, denen sich der Geist ausgesetzt sieht. Sie überließ es Jacques, mit diesen Gefahren zu spielen.

Venedig hatte Jacques enttäuscht wie eine Theaterdekoration, die sich vom häufigen Gebrauch gewellt hat, denn jeder Künstler benutzt sie wenigstens für einen Akt seines Lebens.

Nach zwei Stunden Rundgang und Angespanntheit in den Museen lag ihm die ganze Herrlichkeit wie ein Bleigewicht auf den Schultern.

Er ging erschlagen von Müdigkeit und gepeinigt von Wadenkrämpfen hinaus, stieg die Freitreppe hinunter, sah den Palazzo Dario die gegenüberliegenden Loggien wie eine ausgediente Opernsängerin begrüßen und kehrte ins Hotel zurück. Er bewunderte die Ausdauer der jungen Ehepaare, die Venedig mit Insektenemsigkeit durchschwärmen. Andere kennen es auswendig, haben schon an die hundertmal ihren Rüssel in den Goldpollen von Sankt Markus getaucht und steuern nun ihre neuen Liebschaften durch die Gegend. Diese Rolle des Cicerone verjüngt sie. Die einzige Ruhepause besteht darin, daß man in einem Laden haltmacht, damit die Geliebte Schmuck aus venezianischem Glas kaufen kann und Bücher von Wilde und Annunzio.

Wie wir, die wir noch einmal darauf zurückkommen, ereiferte sich Jacques, von seinem Fieberchen unterstützt, gegen jenes entzückende Freudenhaus Venedig, darin die edlen Seelen die Stillung ihres Durstes suchen.

Sogar der Nachdruck, mit dem wir davon sprechen, beweist, wie sehr Jacques einem Zauber unterlag, den die dunkle Hälfte seines Wesens zurückwies.

Halb Schatten, halb Licht – so ist die Beleuchtung der Planeten. Eine Welthälfte ruht, die andere schafft. Aber von der träumenden Hälfte strahlt eine geheimnisvolle Kraft aus.

Beim Menschen kommt es vor, daß seine schlafende

Hälfte seiner tätigen Hälfte widerspricht. Aus ihr redet seine wahre Natur. Wenn der Mensch von dieser Lektion profitiert und ihr folgt und Ordnung in seiner lichteren Hälfte schafft, dann wird die dunklere Hälfte gefährlich. Ihre Rolle ändert sich. Sie schickt Miasmen aus. Wir werden noch sehen, wie sich Jacques mit dieser Nacht des menschlichen Leibs herumschlagen wird.

Im Augenblick verlieh sie ihm Sicherheit, schickte ihm Gegengifte zu, Feilen und Strickleitern.

Aber diese Hilfeleistung führte zu keinem Ziel. Paris ist eine viel heimtückischere Stadt als Venedig, denn es verbirgt geschickter seine Fußangeln, und seine Netze sind weniger naiv gewirkt. Wie von bestimmten Häusern, so weiß man von Venedig im voraus: es wird Wasser geben, einen Spiegelsaal, den Saal des Veronese, die Seufzerbrücke, abgeblühte Schönheiten in rosenroten Hemden, und man wird riskieren, daß es einem schlecht bekommt.

Aber wie soll man sich in Paris zurechtfinden?

Jacques, dieser Pariser, dieser Privilegierte, kam nach Paris aus der Provinz.

Er war zwar vor fünf Monaten schon einmal dort gewesen, aber er hatte inzwischen jene unmerkliche Altersgrenze überschritten, an der Geist und Leib zu wählen haben.

Seine Mutter glaubte, daß sie mit dem gleichen jungen Mann nach Hause fuhr und daß er nur durch die italienischen Panoramen ein wenig aus der Fassung geraten war. Aber sie brachte einen Verwandelten heim. Und gerade in Venedig war diese Mauserung vor sich gegangen. Jacques wurde sich ihrer nur durch eine Art von Unbehagen bewußt. Er schrieb es dem Selbstmord zu und den geflüsterten Verhandlungen, die er des Abends unter den Arkaden überrascht hatte. In Wahrheit ließ er eine vertrocknete Haut zurück, die auf dem Canale Grande dahintrieb, eine Haut, wie sie die Ringelnattern an den Dornen der Heckenrosen hängen lassen, leicht wie Schaum und durchlöchert an der Stelle des Mundes und der Augen.

II

Die Landkarte unsres Lebens ist so gefaltet, daß wir nicht eine einzige durchgehende Hauptstraße in ihrer ganzen Länge zu sehen bekommen, sondern nur, beim allmählichen Entfalten, ein kleines, immer neues Stück. Wir glauben zu wählen, aber wir haben keine Wahl.

Ein junger persischer Gärtner sagt zu seinem Fürsten:

»Heute morgen bin ich dem Tod begegnet. Als er mich sah, machte er eine drohende Geste. Rette mich! Ich wünschte, ich wäre heute abend, wie durch ein Wunder, in Ispahan.«

Der gutherzige Fürst leiht ihm seine Pferde. Am Nachmittag trifft der Fürst den Tod.

Er fragt ihn: »Warum machtest du heute morgen, als du meinem Gärtner begegnet bist, eine drohende Geste?«

»Ich habe keine drohende Geste gemacht«, erwidert der Tod, »sondern eine Geste der Überraschung. Ich sah ihn heute morgen weit von Ispahan entfernt, und ich soll ihn heute abend in Ispahan abholen.«

Jacques bereitete sich auf sein Abitur vor. Seine Eltern hatten einen vorbildlichen Verwalter verloren und waren gezwungen, ein Jahr in der Touraine zu verbringen. Sie gaben Jacques in Pension zu einem Professor Berlin, in der Rue de l'Estrapade.

Monsieur Berlin hatte zwei Stockwerke gemietet. Im ersten hauste er selbst. Seine Pensionäre verteilte er auf die fünf Zimmer des zweiten Stocks. Sie gingen auf einen von

Dreck starrenden Korridor hinaus. Dort schwelte eine Gaslampe, deren Brenner so schmutzverklebt waren, daß man sie niemals völlig öffnen konnte.

Jacques' Zimmer befand sich zwischen dem vom Majeddin Bachtarzi – Sohn eines reichen Kaufmanns aus Saint-Eugène, dem Auteuil* von Algier – und dem Zimmer eines Albinos namens Pierre de Maricelles. Gegenüber wohnte ein noch sehr junger Schüler mit einem zu weichlichen, aber charmanten Gesicht. Man hatte ihm den Spitznamen Petitcopain, Kleiner Kumpel, verliehen.

Im vergangenen Jahr wollten Petitcopain und sein jüngerer Bruder, noch zu Haus in der Sologne, ihrem Hauslehrer einen Streich spielen. Sie verkleideten sich als Gespenster, aber als sie um Mitternacht in sein Zimmer eindringen wollten, ging die Türe auf, und ihre Mutter kam heraus, im Nachthemd und mit offenen Haaren. Der eine Flügel der Türe verbarg die beiden. Die Mutter lief durch das Vestibül, horchte an der Türe zum Schlafzimmer des Vaters und schlich, ohne die beiden Jungens zu bemerken, zum Hauslehrer zurück.

Petitcopain wird niemals vergessen, wie er und sein Bruder wieder zu Bett gingen, ohne ein Wort zu sprechen.

Der letzte Raum war die Rumpelkammer. Wie Strandgut lagen Bücher, Kolleghefte, Hemden und Krawatten herum, Pfeifen, Tintengläser, Tuben, Schwämme, Füllfedern, Taschentücher und Decken. Hier hauste der Weitsprungmeister Peter Stopwell.

* [*Anm. d. Übers.*: Auteuil ist ein vornehmes Pariser Wohnviertel.]

Madame Berlin war wesentlich jugendfrischer als ihr Gatte, Witwer nach einer ersten Ehe. Sie spielte die Gezierte und war überzeugt, alle Schüler seien in sie verliebt. Manchmal drang sie in eines der Zimmer ein, wo sie der Pensionär in einer stupiden Haltung empfing, weil er gerade irgendeine Sache verschwinden ließ, die nichts mit der Schularbeit zu tun hatte. Sie sah es sich an, wie der Schüler puterrot wurde, und brach dann in schallendes Gelächter aus.

Sie deklamierte Racine an Orten, an denen es schicklicher ist, zu schweigen. Eines Tages glaubte sie sich überrascht, und die Schüler hörten, wie sie ihre Deklamation in ein Hüsteln verwandelte, mit dem sie nach und nach zum Schweigen zurückfand.

Ein nicht unwesentlicher Charakterzug der Madame Berlin erhellt sich aus der folgenden Begebenheit. Zu Beginn ihrer Ehe wohnten die Berlins noch auf dem Land und hatten eine geschiedene Pianistin in Pension genommen. Nach seiner Vorlesung kam Berlin allabendlich mit dem Sieben-Uhr-Zug nach Haus. Eines Abends mußte er in der Stadt bleiben.

Die vor Furcht ersterbende Madame Berlin flehte die Pianistin an, sie möge mit ihr im gleichen Zimmer schlafen. Die Pianistin machte gute Miene zum bösen Spiel und legte sich ins Ehebett. Zweimal pro Woche schlief Berlin außer dem Haus, und seine Frau erneuerte ihren Antrag. Die Pianistin wünschte ihrer Schlafgenossin gute Nacht, drehte sich zur Wand, schlief ein und kehrte am nächsten Morgen schleunig in ihr Zimmer zurück.

Sieben Jahre später hechelte man die Pianistin in irgendeinem Salon durch, und jeder »wußte« von ihren verdächtigen Sitten. Madame Berlin lächelte geheimnisvoll und erklärte, aus »persönlicher Erfahrung« habe sie »alles

Recht, zu glauben«, daß die junge Frau nur eine »Maulhure« sei.

Madame Berlin war eine naive Komödiantin. Ein Beispiel: Sie servierte lauen Tee, tat so, als verbrenne sie sich die Zunge, und war überzeugt, die anderen würden ihr glauben. »Trinkt nicht!« schrie sie. »Wartet noch! Er ist kochend!«

Berlin hatte für seine Frau, seine Schüler, sein Leben nur einen trüben Blick hinter Brillengläsern.

Er trug einen weißen Bart und Pantoffeln. Seine Hose war die des hinteren Komparsen, wenn man im Zirkus Elefant spielt. Er lehrte an der Sorbonne, spielte Karten im Café Voltaire und ging nach Haus, um zu schlafen. Man nutzte seine Verschlafenheit aus, um irgend etwas herunterzuleiern und die Schulaufgaben mit Hilfe von Übersetzungen rasch zusammenzupfuschen.

Das Dienstmädchen vervollständigte das Bild. Es war niemals das gleiche. Man wechselte es alle vierzehn Tage, meist deshalb, weil es die ehrwürdige Rokoko-Pendeluhr gereinigt hatte, die Herr Berlin selber aufzog und an die nur er und sonst niemand rühren durfte.

Man versammelte sich zu Mittag und gegen acht Uhr abends um einen Tisch, auf dem Madame Berlin lederzähes Fleisch austeilte.

Monsieur Berlin aß wie ein Uhrwerk. Manchmal wurde er wie ein Haufen lockeren Schnees von einem düsteren Rülpsen erschüttert.

Peter Stopwell wäre von griechischer Schönheit gewesen, hätte ihn nicht der Weitsprung wie eine Fotografie mit falscher Einstellung in die Länge gezogen. Er hatte Oxford hinter sich gebracht. Daher kamen seine Dandymanieren, seine Zigarettenschachteln, sein marineblauer Schal und eine vielförmige Unmoral unter der sportlichen Einförmigkeit. Petitcopain liebte ihn abgöttisch. Sonntags trug er einen Sack mit Sporttrikot und Bademantel bis zum Parc des Princes.

Lieben und geliebt werden, das ist das Ideal. Vorausgesetzt allerdings, daß es sich um die gleiche Person handelt. Das Gegenteil kommt oft genug vor. Petitcopain liebte und wurde geliebt. Nur wurde er von einer Laborschülerin geliebt, und er selber liebte Stopwell. Seine Liebe versetzte ihn in Bestürzung.

Er war das Opfer jenes Helldunkels, in dem sich die Sinne mit dem Herzen begegnen.

Stopwell fühlte sich durch diese Liebe geschmeichelt. Er ließ sich nichts anmerken und schnauzte den armen Jungen an. Die geringste kindlich liebkosende Berührung beantwortete er mit einem »So was tut man nicht!« Oder er sagte: »Sie sind nicht sauber, verstehen Sie. Waschen Sie sich! Baden Sie! Frottieren Sie sich! Sie baden nie. Badet man nicht, riecht man schlecht.«

Zumeist waren Stopwells Vorwürfe nur englische Manier, jemand zu necken. Aber Petitcopain verstand nicht mehr als das Abc des Lachens und der Tränen. Er begriff nicht, glaubte sich dreckig, verkommen und blöd.

Eines Abends saß Petitcopain am Rand des Bettes, auf dem Stopwell rauchte, und legte ihm mit religiöser Andacht die Hand auf die Schulter. Stopwell stieß ihn weg und fragte ihn, ob er denn ein Mädchen sei, um sich so den Männern an den Hals zu werfen.

Petitcopain brach in Tränen aus.

»Ach«, sagte Stopwell und zündete eine neue Zigarette am Stummel an, den er irgendwohin warf. »Sie können nichts anderes als schmachten, heulen, tätscheln und streicheln. Es wäre besser, Sie würden sich mit Mädchen abgeben. Hinterm Pantheon findet man welche für fünfzig Centimes.«

Maricelles war der sechste Sohn einer Familie kränkelnder Krautjunker. Seiner chronischen Verstopfung wegen hielt sich dieser Albino stundenlang an einem gewissen Ort auf, den er in eine unzugängliche Stätte verwandelte. Bei den Maricelles' galt es als Lebensregel, daß solche Probleme allein durch Geduld zu lösen seien. Der jüngste Bruder war am Herzschlag gestorben, als er das Schicksal hatte zwingen wollen.

»Ihr Franzosen«, sagte Stopwell zu Petitcopain, »ihr liebt nur Schweinereien. Molière redet von nichts anderem als von Klistieren.«

Majeddin Bachtarzi war türkischen Geblüts und trug den Fes. Er besaß einen roten Fes, einen aus grauem Pelz und einen aus schwarzem Lammfell. Er war groß, fett und kindlich. Seine Visitenkarten verzeichneten einen seltsamen Titel:

MAJEDDIN BACHTARZI
Inspektor

Er schrieb Gedichte und stank nach Äther. Als eines Tages der Äthergeruch unerträglich wurde, drang Jacques bei ihm ein. Majeddin hockte auf dem Sims des offenen Fensters, den Fes auf dem Kopf. Er verschloß sich mit der einen Hand das linke Nasenloch, während er mit der anderen ein Apothekerfläschchen ans rechte Nasenloch preßte.

Ohne Jacques zu bemerken, schwankte er hin und her, betäubt vom eisigen Grillengesang der Droge.

Und das sollte also das Milieu sein, das eine ängstlich besorgte Mutter, die Mikroben und Zugluft fürchtet, sich erträumt hatte?

Nach ein paar trüben Tagen hatte Jacques seinen Platz in der Bude Berlins gefunden, als die Ruhe durch einen tragikomischen Zwischenfall unterbrochen wurde. Petitcopain war krank geworden, und zwar auf eine Art, die über die Ursache seines Leidens keinen Zweifel ließ.

Monsieur Berlin nahm ihm die Beichte ab. Er erfuhr, daß der arme Kleine den Rat Stopwells wörtlich befolgt hatte. Petitcopain war nur noch Ach und Weh.

»Unglaublich!« rief Madame Berlin aus. Man mußte verhüten, daß die Geschichte ruchbar wurde.

Jacques besuchte den Kleinen Tag für Tag. Eines Abends flehte ihn Petitcopain mit tonloser Stimme an, er möge Peter fragen, warum er niemals in sein Zimmer komme.

Stopwell hockte in einer Rauchwolke und exzerpierte Auguste Comte.

»Warum?« sagte er. »Ganz einfach: er ist mir zuwider. Glauben Sie, ich besuche einen Kerl, der mit kranken Mädchen ins Bett geht? Ich, ich gehe mit niemand ins Bett.«

»Sie sind hartherzig«, sagte Jacques leise. »Der arme Kleine. Und dabei verlangt er wirklich nicht viel von Ihnen . . .«

»Nicht viel! Und wenn mein Klub sehen würde, wie er

meine Hand abschmiert? Ich denke mir, Sie wissen nicht, was Sie da sagen.«

Er sagte sein »Und wenn mein Klub sehen würde« genau so wie eine Jungfrau ihr »Und wenn meine Mutter mich sehen tät«.

Jacques wollte hinausgehen. Peter, der dabei war, eine neue Zigarettenschachtel aufzureißen, hielt ihn am Arm zurück.

»Was? Sie gehen wieder zu diesem Affen? In Oxford wird so einer wie ein Hausknecht behandelt. Lassen Sie ihn doch allein und bleiben Sie bei mir.«

Der Handgriff, mit dem er Jacques festhielt, war herkulisch. Er zwang ihn, sich auf den Koffer zu setzen.

War durch diese Bewegung eine Maske von Stopwells Gesicht abgefallen? So verlieren Rosen ihre frischen Wangen, wenn man an die Vase stößt. Jacques sah ein noch unbekanntes Gesicht vor sich, ein Gesicht ohne das geringste Phlegma, ein nacktes Gesicht.

Jacques stand auf.

»Nein, Stopwell«, sagte er. »Es ist spät. Ich muß noch einen Brief schreiben.«

»Wie Sie wollen, alter Junge.«

Stopwell wandte sich mit der Geschicklichkeit eines Falschspielers ab, und dann hatte er wieder sein undurchdringliches Gesicht, eine andere, von der Zigarette festgehaltene Maske.

Petitcopain mochte im Grund genommen Jacques nicht, er beneidete ihn um die geheuchelte Gunst Stopwells. Stopwell seinerseits konnte Jacques nicht ausstehen und führte ihn hinters Licht, so oft er konnte. Bachtarzi hinwiederum trug es ihm nach, daß er ins Zimmer gekommen war, als er sich gerade mit Äther benebelte. Und Maricelles verachtete sie allesamt, in Bausch und Bogen.

Blieb das Ehepaar Berlin.

Bei Tisch ließ eine treffende Bemerkung von Jacques manchmal den Professor aufblicken, und Madame Berlin, von ihrem Gatten als Aufseherin eingesetzt, hielt sich in seinem Zimmer länger auf als in den andern. Sie fand Stopwell »ungalant«. Der Araber »machte ihr Angst«. Die andern waren nur Knirpse.

An einem Samstagabend, als alle Schüler im Schoß der Familie oder im Theater waren, hatte Jacques Halsschmerzen und war als einziger zurückgeblieben. Madame Berlin brachte ihm Kräutertee ans Bett, legte ihm die Hand auf die Stirn, fühlte ihm den Puls. Jacques hatte gleich heraus, daß die Pensionsmutter die gleiche Taktik wie Stopwell anwandte. Aber diesmal löschte seine Kälte das Feuer nicht aus, sondern schürte es nur. Madame Berlin gab unversehens ihre Rolle als Ersatzmutter auf.

Jacques tat, als begriffe er nicht, hüstelte, stöhnte wie ein Kranker, der seine Ruhe haben will, während er unter den gesenkten Wimpern Madame Berlin beobachtete. Von Begierde war sie so außer sich wie vom Kerzenlicht ihr Schatten, der rechts und links über die Zimmerwände geisterte.

Mit einem überraschend energischen Griff führte sie ihm schließlich die Hand.

»Jacques! Jacques!« keuchte sie. »Was fällt Ihnen ein!«

Das Geräusch der Haustür rettete ihn. Madame Berlin ließ ihre Beute fahren, strich den Rock glatt und stürzte hinaus.

Majeddin kam aus dem Theater heim. Jacques hörte, wie er den neuesten Schlager vor sich hinpfiff. Er pfiff falsch und begann von vorn, ohne es besser zu machen.

Am nächsten Tag, als sie um den Tisch saßen, wagte Jacques nicht, Madame Berlin anzusehen. Sie hingegen forderte nachsichtig und ermutigend seinen Blick heraus.

Jacques lebte wie der letzte der Eremiten und arbeitete wie der letzte der Faulpelze. Was weiß er eigentlich? Nichts. Höchstens, daß alles, was man auch tun und lassen mag, nur Unfrieden zwischen uns und unsresgleichen stiftet. Er hätte an seinem Halsweh sterben mögen. Aber er hustet schon fast nicht mehr.

Majeddin schlägt ihm vor, zusammen auszugehen. In die Skala. Sonntag und Donnerstag nachmittags kann man für wenig Geld eine Loge haben. Jacques gibt sich Mühe, liebenswürdig zu sein. Er erklärt sich bereit. Sie überreden Petitcopain, mitzukommen. Er empfängt recht hübsche Sümmchen von seiner Familie, die irgendwo im Norden zu Hause ist.

So geschieht's, daß Jacques am dritten Sonntag die Mätresse von Majeddin kennenlernt: Louise Champagne.

Louise selbst war bekannter als ihre Tänze. In der Halbwelt war ihr Name besser plaziert als auf den Theateranzeigen. Sie gehörte zu den Frauen, die fünfzig Franken am Theater verdienen und fünfzigtausend zu Hause. Sie sagte Jacques, daß er nicht allein leben könne und daß sie ihm eine Freundin verschaffen wolle: Germaine.

Germaine war gerade beim Publikum beliebt und spielte vier Rollen in einer Revue, die nach dreihundertfünfzig Aufführungen allen Schwung verloren hatte.

Germaine verschwendete ihr Lächeln zwischen Orchester und Schnürboden. Ihre Schönheit spielte ins Häßliche, aber wie ein Seiltänzer mit dem Tod spielt. Auch das ist eine Art, uns in Aufregung zu versetzen.

Jacques fühlte sich von diesem Dämmerungsfalter angezogen.

Die Freiheit, die uns gegeben ist, läßt uns leider Fehler begehen, die Pflanze und Tier vermeiden. Jacques leuchtete in das Dunkel seiner Begierden hinein, aber mit Louisens Lampe.

Nach einer ersten Begegnung in ihrer Garderobe nahm es Louise auf sich, die Sache ins reine zu bringen, und bat Jacques, sie am nächsten Tag in ihrer Wohnung aufzusuchen, Rue Montchanin.

Am nächsten Tag schwänzte er, wie die Pennäler sagen, ließ Majeddin im Kurs schwitzen und eilte zum Stelldichein.

Er fand eine enttäuschte Louise vor. Er gefalle der Germaine nicht. Sie gäbe zwar zu, daß er charmant sei. Aber er wäre nun einmal nicht ihr Typ.

Louise war aufrichtig betrübt, daß sie ihm diese schlechte Nachricht zu übermitteln hatte.

»Armer Kleiner!«

Sie streichelte seinen Nacken, zwickte ihn in die Nase und bot sich ohne Federlesens als Trösterin an.

Peter, Madame Berlin – nicht der Rede wert. Aber jetzt wurde es schwierig, das Angebot auszuschlagen. Louise Champagne war hübsch, und dem Kanapee war nicht zu entrinnen. Sie betrogen den Araber.

Bachtarzi merkte nichts und verwünschte Germaine, denn sie hatte ein Auto, das größer war als Louisens Wägelchen. Majeddin träumte bereits von einem ganzen Harem.

Eines Sonntags streifte Jacques hinter den Kulissen herum und ging an Germaines Garderobe vorbei. Sie rief ihn zu sich herein, schloß ab und fragte ihn, warum er, nach Louisens Vermittlung und ihrer zustimmenden Antwort, plötzlich anderen Sinnes geworden sei und die Unhöflichkeit so weit getrieben habe, daß er Louise beauftragte, es ihr beizubringen.

Jacques war baff. Germaine sah, daß seine Verblüffung nicht gespielt war, nahm ihn in die Arme, tröstete ihn und redete kein Wort mehr mit Louise.

Jacques gab vor, daß es ihm gegen den Strich ginge, Majeddin zu hintergehen, und überließ sich seiner neuen Eroberung. Louise verklagte Jacques bei Majeddin, er wäre zudringlich geworden. Sie weigere sich, ihn wiederzusehen.

Wenn sich die beiden Zimmernachbarn der Rue de l'Estrapade begegneten, sahen sie aneinander vorbei.

III

Die Kunst, vor allem die verschriene, ist in Paris ein magisches Fleckenwasser. Es tilgt die Flecken nicht, sondern hebt sie hervor. Auf diese Weise wird ein übler Leumund, wenn man ihn nur gehörig pflegt und zur Schau trägt, zu einem vorteilhaften, nicht weniger als ein guter Ruf. Eine schlechte Nachrede muß ebenso sorgfältig unterhalten werden wie eine gute. Eine ganze Reihe von ausgehaltenen Frauen läßt sich durch die Bühne immunisieren. Das Theater ist ihre Luxussteuer. Leider stört es sie in ihrem Erwerbsleben.

Nach der Theaterkur verschrieben sich Germaine und Louise einige Zeit Ferien. Sie entschieden sich für eine lange Erholungspause. Die Kunst ernährte sie nicht.

Germaine hatte einen reichen Liebhaber, einen so reichen, daß sein Name der Inbegriff des Reichtums war. Er hieß Nestor Osiris, wie eine Zigarettensorte. Sein Bruder Lazare hielt Loute aus, die Schwester von Germaine.

Germaine war für Zärtlichkeit und hätte Osiris am liebsten zum Teufel geschickt. Aber ihre Schwester war auf der Hut.

Sie sah Jacques mit scheelem Auge, obwohl sie ihrerseits Lazare mit einem Maler betrog. Sie wußte, daß ihre Schwester bei diesem Treiben nicht die geringste Vorsicht walten ließ, und sie fürchtete die Folgen.

Sie glich Germaine so, wie ein Gipsabguß der Marmorstatue gleicht. Das heißt, sie glichen sich in allem und in nichts.

Trotz der bedenklichen Umgebung, in der Jacques seit seiner Krise lebte, war sein Herz unversehrt geblieben und noch immer fähig, alles ins schönste Licht zu rücken, was es auch sein mochte.

Germaine bezog ihre Lebensfrische aus Schmutz und Verfall. Sie fand darin ihr Behagen, nährte sich davon mit der Gier einer Rose. Wie die Rose ihren Duft aus der Tiefe des Abgestorbenen schöpft, so verdankten das Lachen, die Lippen, die Wangen Germaines den Börsenkrachs ihren Glanz.

Eine indifferente Landschaft macht es uns leicht, sie geringzuschätzen. Würde Venedig sich Jacques angeboten haben, hätte er dann Venedig verachtet?

Das Herz lebt tief in uns verschlossen. Darum schickt es uns seine dunkle Begeisterung zu und seine großen Verzweiflungen. Obwohl es immer bereit ist, seine Reichtümer zu verschenken, hängt es doch auf Gnade oder Ungnade von seiner leiblichen Hülle ab. Was kann es schon wissen, dieses armselige blinde Herz? Es lauert auf das geringste Zeichen, das es aus der Eintönigkeit seiner Haft erlöst. Tausend Fibern schicken ihm Berichte zu. Ist das Ziel, um dessentwillen man seine Hilfe erbittet, auch seiner würdig? Einerlei! Es gibt sich voller Vertrauen aus, und wenn man ihm befiehlt, damit aufzuhören, so erschöpft es sich in tödlicher Unruhe.

Jacques' Herz erhielt die Erlaubnis, sich in Bewegung zu setzen. Es gehorchte ungeschickt, mit der ungestümen Heftigkeit des Anfängers.

Darum scheute Jacques den ersten Schock, den jenes aufpeitschende Rauschgift bewirkt, das in uns verschlossen liegt und nun plötzlich frei wird.

Wie auf der Filmleinwand eine Frau in einer Menschenmenge und das Gesicht der gleichen Frau, aber in Nahaufnahme und sechsfacher Lebensgröße, einander unvermittelt folgen – ebenso rasch erfüllte das Gesicht von Germaine die ganze Welt, versperrte die Aussicht, verdeckte dem Blick von Jacques nicht nur Schule und Kameraden, sondern auch Mutter und Vater und sein eigenes Ich. Außer diesem Gesicht gab es nur noch Nacht. Fügen wir hinzu, daß dieses Dunkel auch Osiris mit einschloß.

Es gibt ein Märchen, in dem es heißt, daß Kinder Steine in den Bauch des schlafenden Wolfs einnähen. Wenn Jacques erwachte, verspürte er eine unbekannte Beschwerde, ein Übergewicht, das genügte, um ihn, den zum Trinken übers Wasser Gebeugten, nach dem Beispiel des Wolfs zu ertränken.

Gewiß, Germaine liebte ihn. Aber ihr kleines Herz war kein blutiger Anfänger. Das Spiel begann ungleich.

Eine unkluge Mutter überläßt im Zirkus ihr Kind den Experimenten eines chinesischen Zauberers. Es wird in eine Truhe eingeschlossen. Die Truhe wird geöffnet. Sie ist leer. Die Truhe wird erneut verschlossen. Beim Öffnen steigt das Kind heraus und kehrt an seinen Platz zurück. Aber es ist nicht mehr das gleiche Kind. Und niemand ahnt es.

Eines Sonntags tauchte die Mutter von Jacques auf. Sie holte ihn in der Pension ab. Es war ihr entgangen, daß sie einen anderen Sohn aus Venedig heimgebracht hatte. Wie hätte sie seine neue Wandlung merken sollen? Sie fand, er sehe gut aus, wenn auch ein bißchen schmal. So übersetzt man Übermüdung und glühende Backen in die Sprache der Mütter.

Madame Forestier war kurzsichtig und lebte in der Vergangenheit – zwei Gründe, die sie hinderten, das Gegenwärtige scharf zu sehen. Sie betete ihren Sohn an, weil er einer ihrer Großmütter glich. Sie bewunderte in ihrem Gatten den Vater von Jacques. Vielen erschien sie kalt, denn sie ging in ihren Bedenken so weit, daß sie sich an niemand anschloß, aus Furcht vor dem, was sie Vernarrtheiten nannte. Die einzige Freundin ihres Lebens war gestorben. Sie lebte zwischen der Kirche, ihrem biederen Gatten und den Sorgen um die Zukunft ihres Sohns. Sobald sie mit Jacques allein war, quälte sie ihn mit zärtlichen Vorwürfen, aber vor den anderen oder vorm Vater sang sie sein Lob.

Wenn wir nicht von Monsieur Forestier sprechen, so geschieht's, weil er selber nicht von sich reden machte. Als er noch Junge war, litt er unter einem Dämon, der dem Dämon von Jacques aufs Haar glich. Er hatte ihn mit Hilfe von Studium und Ehe in Schach gehalten. Aber ein Dämon läßt sich nicht ohne weiteres matt setzen. Das gerade Wesen des Herrn Forestier krümmte sich, verkrüppelte. Er hatte das Gefühl, als sei er aus der Bahn geworfen. Um so mehr erriet Monsieur Forestier die Verwirrungen seines Sohns, erkannte sie sofort wieder und wurde dadurch so entmutigt wie ein an Wucherungen Erkrankter, der das Gewächs auf der Schulter ausgeheilt hat und es nun am Knie von neuem erscheinen sieht.

»Nun, Jacques«, sagte die Mutter. »Alles in Ordnung?«

»Ja, Mama.«

»Arbeitest du fleißig?«

»Ja, Mama.«

»Und deine Kameraden...?«

»Nichts Besonderes. Ein Araber, ein Engländer und zwei kleine Jungens.«

»Du solltest davon profitieren, daß du mit einem Engländer lebst, und dein Englisch verbessern.«

Dieser Satz entfernte Jacques so weit von den Tatsachen, daß er keine Antwort gab. Früher war er glücklich gewesen, wenn er seine Mutter bei ihren Einkäufen begleiten durfte. Jetzt schien ihm die Zeit, die er mit ihr verbrachte, eine verlorene Zeit.

Lügen langweilten ihn, weil sie alles mit einer künstlichen, nicht atembaren Luft umgeben. Da er seiner Mutter nichts von Germaine erzählen konnte, war es ihm lieber, daß sie abreiste und er nicht gezwungen war, sich innerlich von ihr zu entfernen.

Er liebte.

Er wünschte nicht, Germaine zu sein. Er wollte sie besitzen. Zum erstenmal offenbarte sich seine Begierde nicht als ein Unbehagen. Zum erstenmal haßte er sein eigenes Spiegelbild nicht mehr. Er hielt sich für geheilt.

Das ungenaue Verlangen nach Schönheit erschöpft uns.

Wir haben auseinandergesetzt, warum Jacques sich in seinem Wunsch nach Leere verausgabte. Denn sie sind ja nichts andres als Leere, alle diese Leiber und Gesichter, durch die wir mit unserem genarrten Blick hindurchsehen, ohne sie in Erregung zu versetzen.

Diesmal traf sein Verlangen auf etwas Körperliches und Greifbares, und Germaine reagierte, als sei sie das Spiegelbild von Jacques, so wie die Leinwand einen Film gewissermaßen entbindet, der sich ohne dieses Hindernis nur als weiße Garbe verstrahlen würde. In seinem Verlangen empfand Jacques sein eigenes Wesen, und zum erstenmal brachte ihn seine Begegnung mit sich selber ganz aus der Fassung. In Germaine liebte er sich selbst. Er verlor das innere Gefühl für den Jacques, den er, ohne zu seinem Ideal zurückzukehren, in der Folgezeit zur Reife brachte.

Bis zu diesem Tag war es so gewesen, daß die Frauen, denen er gefiel, ihm nicht gefielen. Er erkannte sie an ihrem schlaffen Profil. Alle Gesichter der Welt lassen sich in ein paar Kategorien einreihen. Er wußte von vornherein, daß sich gewisse aufgeschossene Brünette unweigerlich in ihn verlieben würden.

Germaine gehörte nicht zu der Generation hochgewachsener Mädchen, die einschüchtern und Namen von Rennpferden tragen. Aber sie besaß jenes Etwas, jene Unnahbarkeit, jenes Außergewöhnliche, das einen Matrosen im neapolitanischen Hafen oder eine Tennisspielerin in Houlgate in melancholische Erinnerungen verwandelt.

Nun also – von den Tausenden von Wesen, die vorübergehen, hatte eines den Schritt angehalten. Jacques hielt es in seinen Schlingen zurück. In ihm liebte er alle Straßen, alle Städte am ersten Abend der Ankunft, die erregende Luft der Häfen, Idji und Tigran d'Ybreo, den Anubishund, die Akrobatentruppe in Genf und die Kunstreiterin vom römischen Zirkus.

So hing er unermüdlich seinen Gedanken nach, bis zur Abfahrt des Zugs, der Madame Forestier nach Tours zurückbrachte.

IV

»Hör schon damit auf, Loute!« sagte Germaine zu ihrer Schwester. »Nestor wird überhaupt nichts merken. Du wirst uns Jacques als Freund von deinem Maler vorstellen.« (Der Nabob wußte von den Hörnern, die man seinem Bruder aufgesetzt hatte, und das kitzelte seine Eigenliebe.) »Es macht Nestor einen Heidenspaß, wenn er in ein Geheimnis eingeweiht ist, und unser Risiko wird um so geringer.«

Die Leichtgläubigkeit des guten Osiris war gewaltig. Seine Mätresse schmeichelte dieser Selbstsicherheit, indem sie ihn ins Komplott gegen Lazare einweihte.

Während einer der ersten Nächte, als Nestor ausgestreckt neben ihr lag und schlief, klingelte ein junger Schauspieler, den sie liebte und der sich im Datum geirrt hatte.

»Versteck dich!« rief sie Osiris zu. »Mein Alter kommt nach Hause.«

Osiris sprang aus dem Bett, raffte seine Kleider zusammen, flüchtete in einen Schrank, rang darin nach Atem, während Germaine den jungen Mann empfing, und kam mit von Stolz geschwellter Brust wieder zum Vorschein.

Von diesem Meisterstreich an datierte ihr Verhältnis. Man sage mir nicht, Germaine wäre gemein und niederträchtig. Sie schlug sich durchs Leben. Sie war nicht berechnend.

Als sie und ihre Schwester noch ganz jung waren, träumten sie schon vom Eispalast. Sie hielten ihn lange für ein Schloß mit lauter Spiegeln an den Wänden.* Eines Sonntags wagten sie sich zum erstenmal hinein und kamen mit einem Troß eleganter Männer wieder heraus. Einer von ihnen verführte Germaine.

Als er sie verließ, suchte sie sich eine Stelle bei einer Modistin auf dem Montmartre. Diese Modistin sagte eines Tages zu ihr: »Hör mal, Kleine, übermorgen wird man bei mir pfänden. Gib auf den Laden acht, ich hau ab.« Sie nahm ihre Perlen und ihre Wäsche mit.

Germaine blieb zurück, schrieb auf ein Stück Pappe, daß die Hüte zu zweihundert Franken für fünfundzwanzig zu haben seien, schlug sie an einem einzigen Vormittag los, ersetzte die Auslage durch Ladenhüter, die sie im Keller gefunden hatte, mietete mit der Verkaufssumme einen Handkarren, transportierte Stühle, Tisch und Spiegel aus dem Laden in ihr Zimmer, das ihr noch gehörte, und überließ dem Gerichtsvollzieher den Rest.

Sie war besessen vom »Dämon der Straße«. Sie fand daran nichts Schändliches.

Als sie einmal mit Loute, Nestor und Lazare in einem Restaurant en vogue zu Abend speiste, warf sie das Weinglas um. Der Oberkellner stürzte herbei und verbarg die Weinlache unter einem Wachstuch, bis eine frische Tischdecke aufgelegt wurde. Dieses Wachstuch erweckte in den beiden Schwestern eine gleiche Erinnerung. Sie sahen sich verstohlen an. Loute wurde rot, aber Germaine rief:

»Ein Wachstuch, schau! Ganz Belleville** seh ich vor mir, die Lampe, die Suppe und Vater Râteau!«

Ihr wirklicher Name war Râteau. Seit Nestors Ankunft

* [*Anm. d. Übers.:* Wortspiel: *glace* = sowohl Eis als auch Spiegel. Palais de Glace = sowohl Eispalast als auch Spiegelschloß.]

** [*Anm. d. Übers.:* Belleville ist ein Arbeiterviertel von Paris.]

hatten sich Vater und Mutter Râteau nicht zu beklagen. Sie besaßen jetzt ein entzückendes Gut in der Umgebung von Paris.

Die beiden Schwestern, das Landgut Râteau, die Gebrüder Osiris, Jacques, seine Familie und sein Traum ergaben zusammen eine höchst explosive Mischung. Aber so eine Mischung wird nicht von uns selbst erzeugt, sondern vom Schicksal. Denn das Schicksal geht mit den Menschen um, als wären sie chemische Produkte.

Wenn die Sehnsüchte eines Jacques sich kristallisieren würden und wenn wir versuchen wollten, ihre zusammengewürfelte Menge dem Leser so verständlich zu machen, wie wir ihm eine Germaine nahebringen – würde man sich des Ergebnisses weniger zu schämen brauchen?

Narziß war in sich selber verliebt. Zur Sühne dieser Sünde haben ihn die Götter in eine Blume verwandelt. Diese Blume verursacht Migräne. Ihre Zwiebel treibt einem nicht das Wasser in die Augen. Und warum sollte man auch über Narziß wirkliche Tränen weinen?

Die Geschichte unseres Narziß ist viel verwickelter. Er liebte die fließenden Wasser der Flüsse. Aber die Flüsse strömen dahin, ohne sich um die Schwimmer zu kümmern und um die Bäume, die sie spiegeln. Sie verlangen nach dem Meer. Sie küssen es am Ziel ihrer ewigen Reise und gehen wollüstig darin unter.

Jacques hatte beständig das Gefühl, die menschliche Schönheit besitze wie die Ströme ein Bett und ein Ziel. Sie eilte vorbei, immer anderswohin. Ein Schiff hebt den Anker, ein Vorhang im Varieté fällt, die Familie Ybreo kehrt zu ihren Göttern zurück.

Er dachte daran, daß Idji ihm während eines Tennisspiels sagte, er sehe aus wie Seti I. Das war, soweit er sich erinnerte, das einzige Mal, daß der Strom seinen Blick erwiderte.

Diesmal jedoch ist der Strom gestaut, das ruhende Wasser gibt ihm sein Abbild leidenschaftlich zurück. Jacques täuscht das Meer. Vielleicht hält er eine Nixenstimme für das plaudernde Wasser. Aber er setzt sich damit nicht auseinander. Sein Herz läßt ihm dazu keine Zeit mehr übrig.

Wir sagten, daß Germaines Herz oft mobilisiert wurde. Aber die Gewohnheit entzog ihrem Herzen nicht die Schwungkraft. Sie liebte jedesmal zum erstenmal. Sie fragte sich, wie es möglich sei, daß sie vorher andere Männer lieben konnte, und spielte jede neue Partie mit offenen Karten. Sie versuchte nicht, Asche um das Feuer zu häufeln, um die Glut so lange wie möglich zu erhalten. Sie flammte sofort und lichterloh.

Ihre Begabung, ganz aufrichtig in eine Zeit der ersten Liebe zurückzukehren, verhinderte es, daß sie der Ursprünglichkeit Jacques' mit der mechanischen Geübtheit der vielerfahrenen Frau begegnete.

Ihre stürmische Leidenschaft vermengte ihrer beider Schätze, woher sie auch stammen mochten.

Wenn Jacques auch seine Träume oft verschleudert hatte, sie aber stets in sich herumtrug, so hatte Germaine viel verschenkt, aber auch viel erhalten. Sie empfing ihn nicht mit leeren Händen.

Der vorige Satz läßt eine zweifache Deutung zu. Aber Jacques' Hingabe erhob ihn auch in diesem Fall über alle Skrupel. Wäre der Nabob Osiris ein angetrauter Ehemann, so würde er eben ein gehörnter Ehemann sein.

Germaine verspürte nicht die geringste Hemmung und fand es durchaus in der Ordnung, daß sie Nestor betrog. Ungeniertheit ist ansteckend. Jacques seinerseits fand es durchaus natürlich, daß er den angeblichen Freund des Malers zu spielen hatte.

Das Diner, bei dem sich alle vier versammelten, amüsierte ihn. Er saß rechts neben Germaine, die zerstreut war und ihn beim Dessert duzte.

»Hast du gelesen, was X. geschrieben hat?«

»Du könntest mir Antwort geben«, fügte sie fast unvermittelt hinzu, während sie sich nach links an Nestor wandte, der von diesem Meisterspiel überrascht, überrumpelt und entwaffnet dasaß. Hinterher machten sie sich über ihren Schrecken lustig.

Osiris freundete sich mit Jacques an. Er fand, Jacques habe den richtigen Sinn für Zahlen. Er verstieg sich zu dieser absurden Behauptung, weil Jacques ihm zuhörte. Denn man hörte ihm zu oder hörte ihm nicht zu. Nach dieser plumpen Unterscheidung teilte er die Menschen ein. Er hatte keinen Sinn für individuelle Eigenart.

Wenn sich Jacques und Germaine allein trafen, so geschah's in der Rue Daubigny, in einer Parterrewohnung, die genau so dunkel war wie die Bilder des Malers, nach dem die Straße hieß.

Die Wohnung gehörte Germaine. Sie gab vor, daß sie einen Winkel nötig hätte, um den Besuchen Nestors zu entgehen. Es geschah zum erstenmal, daß sie einen solchen Zufluchtsort als ideal bezeichnete. Sie war sogar davon überzeugt. Sie fürchtete jedoch die Concierge, Madame Supplice. Nicht weil diese etwa dachte: »Schon wieder ein andrer«, sondern weil sie sich daran stoßen konnte, daß sie Germaine nicht mehr allein aus und ein gehen sah.

Alle Liebkosungen, selbst die innigsten, haben ihr Maß. Jacques war sozusagen jungfräulich und versuchte, ein grenzenloses Verlangen zu stillen. Die erste Umarmung enttäuschte ihn. Bald jedoch legte sich seine Erregung. Sein Blick und sein Geist wurden wieder beweglich.

Wenn er dann diese hingestreckte Desdemona betrachtete, die zum Fürchten blaß und mit bleckenden Zähnen neben ihrem Kopfkissen erstarb, dann las er eine Menge schändlicher Erinnerungen auf ihrem Gesicht, und wie ein Messer entzog er sich ihr.

Germaine verschenkte rückhaltlos ihre Liebkosungen, die üppig aufblühten wie ein prächtiger Blumenstrauß. Ist der Strauß verwelkt, kauft man beim Gärtner einen neuen. Jacques hingegen faßte Wurzeln. Seine reglose Liebe wuchs regelrecht und langsam. In der Geliebten liebte er sich selbst und seine Reisen und überhaupt viel zuviel. Germaine liebte nur ihren Liebhaber.

V

Dieses Leben zwang zu Kriegslisten in der Rue de l'Estrapade, wo Jacques die Stunden totschlug, die Osiris bei Germaine zubrachte.

Nachmittags schützte er eine Arbeit in der Bibliothek von Sainte-Geneviève vor.

Diese Bibliothek ist die Ausrede aller liederlichen Schlingel des Quartier Latin. Wenn alle, die dort zu arbeiten erklären, sich wirklich hinbegeben würden, hätte man längst einen neuen Flügel anbauen müssen. Jacques hatte sich mit Majeddin und Louise ausgesöhnt und schlief eine von vier Nächten außer Haus. Der Araber und Jacques lehnten die Haustüre nur an. Sie schlossen sie ab, wenn sie beim Morgengrauen von ihren Mätressen kamen.

Louise empfing Majeddin bei sich. Die beiden Komplizen, Majeddin und Jacques, trafen sich dann vor dem Gitter des Monceau-Parks und warteten auf die erste Untergrundbahn.

Diese Fahrt der vom Schlaf Guillotinierten war nicht zum Lachen. Sie dösten zwischen Frauen, die zur Arbeit fuhren.

Um dem Professor einen Bären aufzubinden, brauchte man nicht besonders schlau zu sein. Er sah nichts und wollte nichts sehen. Die Pünktlichkeit der Schüler beim Kurs und die Pünktlichkeit der Wochenabrechnungen, das war alles, was er forderte.

Seine Frau hingegen hatte die Augen offen, aber sie sah verkehrt. Sie war überzeugt, daß sich Jacques in sie verschaut hatte und – unfähig, seinen Lehrer zu betrügen – ihr nun aus dem Weg ging und bei den Mädchen des Cafés Soufflet Betäubung suchte. Sie billigte es, daß der Araber ihn überwachte.

Allsonntäglich gewann Stopwell eine mysteriöse Spannkraft zurück und siegte bei den Wettkämpfen im Weitsprung. Die Woche über ließ er sich gehen, lauerte dem Briefträger auf, der ihm den neuen Scheck zu bringen hatte, und vegetierte in einem Nebel von Pfeifenqualm und Teedunst dahin. Sein mächtiger Körper lag in der Kammer herum. Nach dem Abendessen zog er einen seidenen Pyjama an, und von zu viel Tabak vergiftet, sank er wie ein Sack Blei in den Schlaf.

Petitcopain bediente diesen Despoten mit dem Augenaufschlag der jungen Mädchen, die in den Spitälern die Verrückten pflegen. Er zerriß sich zwischen diesem Dienst und dem Amt eines Spähers, das ihm Majeddin übertragen hatte.

Er nahm Peter nichts übel. Er entdeckte unter der rauhen Schale des Briten eine Menge von Schwächen. Er begriff ihr Wesen nicht, aber er ahnte, daß sie Stopwell verwundbar machten. Im Duft des blonden Tabaks witterte er die Poesie Britanniens.

Er liebte Stopwell, so wie ein Romane allmählich London ertragen lernt, diese Stadt mit den Wangen rosiger Gesundheit und mit einem schwarzen Kohlenherzen, London, dieses einschläfernde Mohngetränk.

In ihm liebte er das britannische Phlegma, ein königliches Schatzamt, Rehe auf geschorenem Rasen, Herzöge, die Schauspielerinnen heiraten, Chinesen am Ufer der Themse.

Wenn Stopwell schon einmal den Mund auftat, dann,

um Oxford zu rühmen, dieses Paradies der Colleges und der vornehmen Läden, wo man die besten Hellenisten findet und die schönsten Handschuhe der Welt.

Der kleine Maricelles hatte, in der Hocke unter einer Abortluke, wie eine Prinzessin in ihrem Turm, so lange duldend gehofft, bis er krank geworden war. Nun pflegte man ihn auf Schloß Maricelles bei Maricelles-Les-Maricelles. Die Anschrift allein genügte, um die Pensionäre zum Lachen und die Konversation bei Tisch in Schwung zu bringen.

An einem Mittwoch im November, als Germaine und Jacques sich mit Bachtarzi bei Louise trafen, saß im Salon eine kleine magere Dame ohne Hut und mit einem Smaragdanhänger. Das war Louisens Mutter. Mit Bestürzung erkannte Jacques in ihr die Concierge aus der Rue Daubigny, Madame Supplice. Das Haus gehörte einem der Ex-Gönner Louisens. Germaine hatte Jacques niemals davon gesprochen.

»Tag, Madame«, sagte Germaine. »Sie machen ja mächtig Staat heute! Ist Louise schon da?«

»Nein«, antwortete die Concierge unbeteiligt, »das Fräulein ist noch nicht nach Hause gekommen.«

Sie nahmen Platz. Sie hüstelten. Aber Madame Supplice wurde rasch umgänglich. Sie erging sich in Lobsprüchen über Majeddin, den sie für einen türkischen Prinzen hielt.

Majeddin war reichlich zurückhaltend in Gegenwart von klugen Köpfen und verbarg ihnen seine Belesenheit, aber vor Lieferanten und naiven Leuten gab er jede Selbstkontrolle auf. Aus den Sätzen, die Madame Supplice in einem Atemzug ohne Kommas noch Punkte von sich gab, hörte man die Geschichten heraus, die er ihr, der Concierge, erzählte, weil es ihm versagt war, an höherer Stelle zu prunken.

Jacques wagte nicht, Germaine anzublicken. Er wäre überrascht gewesen, wenn er gesehen hätte, daß sie nicht lachte. Sie lächelte. Dann erhob sie sich.

»Die gute Mama Lili«, rief sie. »Immer die gleiche!«

Und sie tätschelte ihr vertraulich die Knie.

Louise und Majeddin kamen nach Haus. Man kann nicht sagen, daß sie über die Begegnung beglückt schienen, vor allem Majeddin nicht.

Darf ein Schriftsteller eine Geschichte, die aus dem Rahmen fällt, in sein Buch einflechten? Ja, wenn die Anekdote einen Charakter verdeutlicht. Nun, so sei gesagt, daß Louise ein gutherziges Kind war, aber eben eine brave Tochter Supplice-Champagne.

Bevor unser Buch anfing, tanzte Louise im Eldorado. Vier Gymnasiasten gingen hin, um Beifall zu klatschen und ihr Veilchensträuße zuzuwerfen. Zum ersten Januar wollten sie ihr irgendeinen Schmuck schenken. Der Spitzbube der Bande klaute seiner alten Tante einen Smaragd. Er war naiverweise damit einverstanden, daß ausgelost wurde, wer ihn überreichen durfte. Das Los fiel auf den schüchternsten unter ihnen. Louise streichelte ihm zum Dank die Backen. Sie sagten sich, ein Smaragd sei für eine Schauspielerin so viel wie ein Wassertropfen für den Ozean. Sie vergaßen, daß es einen Ozean nur dank der Wassertropfen gibt.

Lange nach der Episode, mit der unser Buch schließt,

begegneten sich Louise und der Schüchterne, der Diplomat geworden war. Sie kramten Erinnerungen aus.

Sie sagte: »Denken Sie noch an den falschen Smaragd? Ich hab ihn meiner Mutter geschenkt. Sie trug ihn auf Schritt und Tritt mit sich herum. Sie ist mit ihm begraben worden. Sie hat es sich so gewünscht.«

Der Diplomat gestand den Diebstahl ein und daß der Smaragd echt war. Louise erblaßte.

»Können Sie das schwören?« fragte sie. Aber er wagte nicht, es auf seinen Eid zu nehmen, denn Louise sah in diesem Augenblick aus wie ein Totengräber.

Kehren wir in die Rue Montchanin zurück.

Die beiden Paare besuchten häufig eine Rollschuhbahn. Sie gingen wieder einmal hin. Sie kannten die Sportlehrer und den Barmixer.

Ein junger Mann mit dem Gesicht einer Waschfrau und mit einem Cape und einer Perlenkette angetan, schwänzelte zwischen den Tischen herum, lächelte den einen zu, puffte die anderen in die Seite, schrie, daß ihm vom vielen Drehen und Wenden übel wäre. Seine eingelernte Art zu sprechen glich den lächerlichen Verschlingungen des Jugendstils.

Diese Mißgeburt wäre an jedem anderen Ort gesteinigt worden. Hier war er das Maskottchen. Man verhätschelte ihn, man war stolz, wenn man von ihm angesprochen wurde. Er drückte Germaine und Louise die Hand, winkte den Männern mit der Geste einer großen Kokotte zu.

Die Schattenhälfte von Jacques teilte der lichten Hälfte vergeblich mit, daß sie sich in einer Stimmung moralischer Unbehaglichkeit befand. Jacques hatte sich einen hinkenden Rhythmus zugelegt und gefiel sich darin. Er ging auf Graten dahin, so schwindelfrei wie Schlafwandler.

Die Mißgeburt ließ sich herab, eine Minute an ihrem Tisch zu sitzen. Mit einer nun halb erloschenen Stimme schätzte er Louisens Ringe ab. Er führte seinen Schmuck vor. Er erzählte Geschichten von Polizeirazzien.

Wenn alles zusammen sich bewegt, scheint sich nichts zu bewegen.

Damit Jacques seiner seelischen Trägheit bewußt würde, hätte es für ihn einen festen Punkt geben müssen. Er hätte sich zum Beispiel vorstellen können, daß sein Vater oder seine Mutter durch die Wandelhalle daherkämen. Aber er war weit weg von ihnen, weit weg von sich selber und gefiel sich darin, sich im trüben Wasser zu spiegeln.

Wäre er allein an einem solchen Ort gewesen, hätte es ihn geekelt. Aber im Verein mit Germaine, die mit Maskottchen drauflosplauderte, ließ er sich dahintreiben und empörte sich nicht.

Das Orchester spielte den neuesten Modetanz.

Die Mode stirbt jung. Das verleiht ihrer Leichtigkeit solchen Ernst. Die Keckheit des Erfolgs und die Melancholie des baldigen Vergehens gaben diesem Tanz etwas Großartiges. Jeder von den Klängen, die ihn formten, sollte eines Tages Jacques' Herz bluten lassen. Sie begaben sich auf die Rollbahn.

Während einer Pause, als die Mißgeburt gerade eine Nummer vorführte, stieß Louise einen Schrei aus: »Sie?« Alle wandten den Blick von der Rollbahn ab und sahen Osiris, der dastand, jovial auf seinen Stock gestützt, den Widerschein der elektrischen Lichtkugeln auf der Nase, dem Zylinder und der Perle seiner Krawatte.

»Ich, jawoll, Kinderchen! Und außerdem in bester Laune. Seit einigen Tagen kriege ich nichts wie anonyme

Briefe. Man will mir weismachen, daß Germaine ihr Leben mit einem Liebhaber beim Rollschuhlaufen verbringt. Ich wollte mir das mal ansehen und stelle fest, daß nicht ein Wort daran wahr ist. Und außerdem«, schloß er, während er seine Hand auf Jacques' Schulter legte, »mein Lieber, unter uns, ich möchte Ihnen nichts Unangenehmes sagen, die Natur hat ja für alle Geschmäcker gesorgt, aber Sie sind nun einmal nicht Germaines Typ.«

Er nahm Platz. Germaine puffte ihn in die Seite, drohte ihm mit erhobenem Zeigefinger und fand bald ihr Gleichgewicht wieder.

»Übrigens«, sagte er und öffnete seine Brieftasche, »ich habe das Gefühl, daß es sich um die Handschrift von Lazare handelt. Vielleicht will er sich rächen. Wissen Sie was, mein lieber Jacques, nehmen Sie die Briefe und sehen Sie sie einmal durch. Ihr jungen Burschen seid freier erzogen als wir. Ihr seid schlauer als so ein alter Dummkopf wie ich.«

»Man hat ihn gern, den alten Dummkopf, ja?« lispelte er, während er Germaine am Kinn kitzelte. »Man liebt ihn, ja?«

Und Germaine, die sich wieder sicher im Sattel fühlte, erwiderte ihm:

»Nein, man liebt ihn nicht. Man hat Spitzel nicht gern.«

Das Leben von Jacques sah aus wie die nie aufgeräumten Stuben der Frauen vom Montmartre, die um vier Uhr morgens aufstehen, den Mantel übers Hemd ziehen und an der nächsten Straßenecke irgend etwas essen.

Wenn es erst so weit ist, verschlimmert es sich nur noch. Nestor zeigte keine anonymen Briefe mehr vor und lachte nicht mehr. Trotz der eindeutigen Beschuldigungen ver-

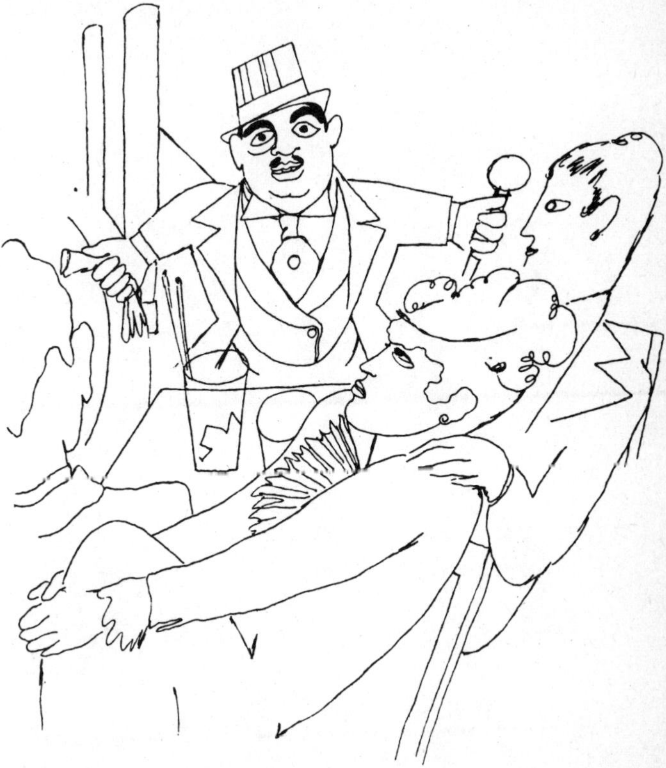

dächtigte er nicht Jacques, sondern Germaine. In seiner blinden Eigenliebe wollte er gern zugeben, daß sie ihn mit einem Nebenbuhler seiner Statur und seines Alters betrog, mit einem, den er naiv »ihren Typ« nannte. Daß es der kleine Jacques sein sollte, das ging ihm nicht in den Kopf. Daran dachte er nicht einen Augenblick. Er zog Jacques ins Vertrauen und bat ihn, Germaine zu überwachen.

»Ich muß an der Börse leben, und oft schufte ich die ganze Nacht über. Behalten Sie Germaine im Auge. Lassen Sie sie nicht allein. Tun Sie mir den Gefallen.«

Nestor Osiris ging jetzt so weit, daß er Szenen machte. Er stieß noch keine Drohungen aus, er zerschlug Nippsachen. Germaine hatte bemerkt, daß er bei jeder Wiederversöhnung ein Kopenhagener Porzellantier mitbrachte. So konnte er ruhig ein bißchen kaputtschlagen. Im übrigen verschonte er das chinesische Porzellan und die Keramiken.

Als er aber eines Tages eine Meißener Figurengruppe zertrümmerte, begriff Germaine, daß die Operette zum Drama wurde. Er sprengte Schubladen auf, suchte nach Fingerabdrücken, bestach die Manikùren und verlor den Kopf.

Eines Abends kam er vom Zahnarzt nach Haus und fand Germaine auf dem Diwan. Er fragte sie, ob sie Besuch gehabt hätte. Sie verneinte, sagte, sie habe den Nachmittag über geschlafen und gelesen. Sie sagte die Wahrheit.

Nestor ging hinaus, um seinen Pelz abzulegen. Er kam zurück und schwang einen Rohrstock mit Schildpattkrücke.

»Und das da! Und das da!« tobte er. »Da dein Kerl seine Stöcke in meiner Garderobe zurückläßt, werde ich dir damit eine Tracht Prügel versetzen.«

Germaine schlug das Buch zu.

»Sie sind verrückt«, sagte sie. »Raus!«

Das Telefon läutete.

»Rühr das Telefon nicht an!« schrie Nestor. »Wenn das der Kerl ist, dem der Stock gehört, werde ich selber ein Wörtchen mit ihm zu reden haben.«

Es handelte sich tatsächlich um den Stock. Der Zahnarzt fragte an, ob Herr Osiris sich nicht geirrt habe. Ein Patient hätte einen Stock mit den Initialen N. O. an Stelle seines Rohrstocks mit Schildpattkrücke vorgefunden.

Germaine kostete ihren Sieg mit Zurückhaltung aus. Der Zwischenfall brachte ihr vier ruhige Tage ein.

Die Gebrüder Osiris gingen sonntags auf die Jagd. Sie zogen am Tag zuvor um fünf Uhr morgens ab. Germaine war frei. Eines Samstags blieb Nestor in Paris und verzichtete auf das Jagdvergnügen. Galante Art, um Germaines Verzeihung zu erbitten.

Germaine schluckte ihre Enttäuschung hinunter. Sie warnte Jacques. Er möge brav in der Rue de l'Estrapade bleiben und sich zeitig schlafen legen.

Um neun Uhr lag Jacques wie die anderen Pensionäre (mit Ausnahme von Majeddin) in seiner Kammer und las, als zaghaft geläutet wurde.

Petitcopain, der als Concierge diente, stieg hinunter, und nachdem er geöffnet und leise mit dem Ankömmling verhandelt hatte, klopfte er an die Tür von Jacques. Er kündete einen Besuch an. Der Besuch war Germaine. Sie trug eine Reisetasche mit sich. Jacques rieb sich ungläubig die Augen. Unwillkürlich stieß er mit dem Fuß ein Paar alte Socken unter die Kommode. Seine Verblüffung brachte Germaine zum Lachen.

Bei Tisch mit Nestor hatte sie sich zu Tod gelangweilt.

Sie hatte ihm gesagt: »Warte einen Augenblick. Ich geh in die Küche und mach uns einen *salade surprise.*« Sie hatte Wäsche und die Toilettesachen eingepackt und war über die Lieferantentreppe ausgerückt.

»Schimpf nicht mit mir, Schatz«, bat sie. »Ich bin frei, frei, frei. Soll er alles zusammenhauen. Ich hol dich ab zur Hochzeitsreise.«

Es kommt vor, daß eine Straße auf dem Rückweg völlig anders aussieht als auf dem Hinweg, und der Spaziergänger meint, er habe sich verlaufen. Man sieht das Dorf, in dem man wohnt, plötzlich von der Höhe eines Hügels und hält es für ein anderes. Germaines Anwesenheit in der Rue de l'Estrapade brachte es mit sich, daß Jacques seine Mätresse kaum wiedererkannte und sein Zimmer überhaupt nicht mehr.

Er brauchte eine volle Minute, ehe er begriff, daß man ihm vorschlug, den Zug zu nehmen und den Sonntag auf dem Gut der Râteau, die gerade in Le Havre weilten, zu verbringen.

Jacques überwand schnell seine erste Verwirrung und war nicht weniger außer sich vor Vergnügen als Germaine. Sie tauften ihre Reise: *»Die Reise um die Welt in achtzig Tagen.«* Jacques mußte hinuntersteigen, um der Pensionsmutter mitzuteilen, daß er verreisen und erst am Montagmorgen zum Kurs zurücksein werde.

Er wollte Germaine nicht in seiner Stube lassen, wo man auf einen Besuch Peters gefaßt sein mußte. Er schloß sie in das leere Zimmer von Maricelles ein, mit einer Lampe und Zigaretten. Dort riskierte man nichts.

Ein Stockwerk tiefer fand Jacques den Professor und seine Frau dabei, wie sie die Pendeluhr aufzogen. Er mußte warten, bis sie alle Stunden und alle halbe Stunden geschlagen hatte. Dann konnte Jacques, der jeden Samstagabend abwesend war, endlich darlegen, daß er das Wochenende bei einem Kameraden auf dem Land verbringen würde.

Die Berlins gaben ihre Erlaubnis unter der Bedingung, daß der Schüler sich pünktlich am Montagmorgen im Arbeitszimmer des Professors zurückzumelden habe. Jacques stieg hinauf, holte Germaine in sein Zimmer, und sie gingen an die Vorbereitungen zur Reise.

Daß alles, was sie brauchten, in eine Reisetasche ging, setzte sie in Verzückung. Sie unterdrückten einen Lachkrampf. Jacques fuhr fort, *»Reise um die Welt«* zu spielen, und flüsterte ihr zu, daß sie auf der Hut sein müßten, wenn sie nachher an der Kabine eines blutgierigen Engländers vorübergehen würden. Er trüge einen fuchsroten Backenbart, besitze eine Geldkatze voller Banknoten und ein Schmetterlingsnetz aus Tüll. Er wäre seit Liverpool auf ihrer Spur und hätte ihren Untergang beschlossen.

Sie verbrauchten eine Schachtel Streichhölzer, um sich die Treppe hinabzutasten, kamen ohne Zwischenfall aus dem Haus und warfen sich in die Droschke, die Germaine an der Ecke der Rue Mouffetard hatte warten lassen.

VI

Um ihre Reise darzustellen, müßte man die Gerätschaften eines Zauberkünstlers zur Verfügung haben – Fähnchen, Blumensträuße, Laternen, Eier, Goldfische.

Wie durch ein Wunder bewahrte Germaine den Flaum der Jugend. Zwar hatte man ihn schon oft genug gerupft ... Jacques war gegen die Beschmutzung ähnlich geschützt, wie die Schwäne sich mit Fett vorm nässenden Wasser schützen. Aber beide begegneten den ersten überschneiten Bäumen, den ersten Tieren wie ein heimkehrender Nachtschwärmer, der um fünf Uhr morgens die Kippwagen der Markthallen kreuzt.

Einerlei. Germaine bewahrte noch viel von ihrer bäuerlichen Abstammung. Sie kehrte in ein verlorenes Paradies zurück. Jacques war nicht mehr Jacques, sondern Germaine. Er war wie einer jener hochrädrigen Wagen, die die morgenfrische Place de la Concorde überqueren. Sie wiegen die Krautgärtner, die wie geheime Könige der Franken auf ihren Pfühlen aus Kohl und Rosen schlafen.

Germaine war wie ausgewechselt. Leicht ging man dieser Zauberkünstlerin ins Garn und mochte sie für den Frühling in eigener Person halten, der Sprungfedern und doppelte Böden spielen läßt.

Jacques ertrug das Maskottchen der Rollschuhbahn. Wie hätte ihm dieser falsche Frühling nicht als ein echter erscheinen sollen?

»*Tausend Wege bringen uns vom Ziel ab*«, sagt Montaigne, »*ein einziger führt uns zu ihm hin.*« Jacques ging auf das Ziel zu. Im Zug drückte er Germaine an sich, wärmte sie, überließ sich hundert Kindereien.

Jacques mißfiel sich selber, nicht den anderen. Germaine und er gaben ein hübsches Paar ab, man hielt sie für zwei naive Verliebte auf Spazierfahrt.

Germaine war ganz Ursprünglichkeit und voller Überraschungen. Aber das arme Kind konnte diese Überraschungen nur noch wie ein Zauberkünstler aus dem Ärmel ziehen.

Jacques sah die Schliche und Kniffe ebensowenig wie die Kinder, die Beifall klatschten. Und ist es nicht schon viel, wenn man Kinder zum Jubeln bringt?

Germaine hatte sich lange an ihre Schliche gewöhnt und glaubte aufrichtig, Uhren und Tauben aus der Luft zu holen. Die Zauberkünstlerin war nicht weniger verzaubert als ihr Publikum.

So war diese Reise das einzige schwerelose Glück, das ihnen zuteil wurde.

Das Gut war klein. Germaine duzte die Mägde und die Kühe. Eine Meute junger Hunde schnappte nach ihren Waden. Sie schrie, hüpfte, ihr Haar löste sich auf.

Sie frühstückten in einem Raum, wo das Kaminfeuer einem Waldbrand glich. Sie aßen eine unverfälschte Nahrung, wie man sie niemals in der Stadt vorgesetzt bekommt. Nur der Käse, der nach uraltem Rezept zwischen Weinblättern lange reif geworden war, stach vom frischen Fleisch und der frischen weißen Sahne ab.

Germaine zeigte Jacques nach der Mahlzeit das Zimmer ihres Vaters, der ein alter Säufer war. Nichts war imstand, sein Laster zu kurieren.

In der Mitte des Raums schwebte ein Lampenschirm aus vielfarbigem Papier. Auf der Kommode standen verblichene Fotografien von Matrosen und von Hochzeitsgesellschaften. Unter einer Glashaube klebte ein Dreimaster auf grüngemalten Wellen.

»Das bin ich als Jungfrau«, sagte Germaine und reichte

Jacques einen Rahmen aus Muschelschalen. Sie umgaben ein nacktes Baby.

Germaine hatte ihr eigenes Zimmer. Dort schliefen sie, dort liebten sie sich zum letztenmal in aller Leidenschaft. Ahnte es Jacques? Nicht im geringsten. Germaine ebensowenig wie er. Und sie taten gut daran, denn sie sollten künftig noch oft miteinander schlafen.

Am übernächsten Morgen fuhren sie in aller Herrgottsfrühe ab, ohne müde zu sein. Sie hörten zu, wie ein Hahn den andern ansteckte, so wie die Brenner eines mächtigen Gaslüsters nach und nach aufflammen. Alles war kalt, naß, jungfräulich. Germaine trug herausfordernd ihre rote Nase durch den reinen Morgen, dem sie nicht ein einziges Fältchen auszusetzen hatte.

In ihrem Schrank hatte sie eine alte Fotografie entdeckt. Drauf blinzelte sie mit den Augen einer Kurzsichtigen. Jacques erklärte diese Grimasse für göttlich. Germaine schenkte ihm das Bild.

Sie brachten außerdem Eier und Käse nach Haus. Sie hatten in der Tat eine Weltreise gemacht.

Germaine hatte vergessen, wie die Pariser Straßen am frühen Morgen aussehen. Ihre Überraschung bei der Rückkehr verlängerte ihre Flucht. Jetzt mußte sie ihre Gewohnheiten wieder aufnehmen und ohne Bedauern. Die Rufe der Marktweiber, magere Streckenläufer, die sich hinter Radfahrern eintrainierten, Dienstmädchen, die Bettvorleger auf Fenstergesimsen ausklopften, dampfende Pferde – das alles erinnerte sie an ihre Kindheit.

Sie machten aus, daß Jacques nach dem Kurs bei ihr zu Mittag essen würde. Sie nahmen eine Taxe, denn Germaine wollte ihn nach Hause begleiten.

Der Chauffeur steuerte wie ein Irrer, der Wagen schleuderte, überfuhr Verkehrsinseln. Germaine und Jacques lachten, küßten sich, daß ihre Zähne aneinanderstießen, während sie beide von einem Winkel in den andern purzelten.

Nach jeder seiner Glanzleistungen drehte sich der Chauffeur nach ihnen um, zuckte mit den Schultern und blinzelte ihnen zu.

Germaine lud Jacques gegen zehn Uhr in der Rue de l'Estrapade ab, nach einer ausgiebigen Umarmung. Er sah noch, wie sie mit dem Handschuh winkte, als der Wagen losfuhr. Er kam gerade recht, um sich umzuziehen und wie Phileas Fogg zur festgesetzten Stunde mit seinen Kameraden im Arbeitszimmer zu erscheinen, wo Monsieur Berlin den Versuch unternahm, ihnen Geographie beizubringen.

Germaine ging in ein Postamt und telefonierte nach Haus. Joséphine hatte den Auftrag gehabt, an jenem Abend der Flucht Osiris zu antworten, sie habe Madame nicht weggehen sehen. Nun berichtete sie von den Wutausbrüchen des armen Nestor, von seinen Nachforschungen, seinen inständigen Bitten und seinen Flüchen. Er hatte den Spiegel zerhauen und weinte hinterher, denn er war abergläubisch. Er hatte den Sonntag damit zugebracht, auf einen Telefonanruf oder ein ankommendes Auto zu lauern und dabei im Zimmer auf und ab zu rennen. Am Sonntagabend hatte er dann mit Fassung erklärt:

»Joséphine, ob Madame heimkommt oder nicht heimkommt, ich verlasse sie. Das können Sie ihr in meinem Namen ausrichten. Packen Sie meine Sachen zusammen. Ich überlasse ihr den Rest. Soll sie damit anfangen, was sie mag.«

»Uff!« atmete Germaine auf. »Viel Glück!«

Sie wußte, daß ein schönes Mädchen niemals in Verlegenheit gerät.

Zu Hause fand sie ihre Schwester vor.

»Hab ich dir nicht oft genug prophezeit, daß es so weit kommen wird?« schrie Loute. »Nestor hat genug von dir. Wenn er von dir redet, sieht er rot.«

»Soll er!« antwortete Germaine. »Ich brauche frische Luft. Ich war mit Jacques auf dem Land. Bei Nestor ersticke ich im Muff.«

»Und wovon willst du jetzt leben?«

»Laß dir keine grauen Haare wachsen, Kindchen. Übrigens: Nestor ist klebrig wie ein Fliegenfänger. Mich würde es wundern, wenn er nicht zurückkäme.«

Osiris kam so schnell zurück, daß er Loute kreuzte, als sie wegging. Germaine hatte sich hingelegt und ließ ihn draußen warten.

Nachdem er eingetreten war, blieb er stehen und verbeugte sich zeremoniell. Dann nahm er auf einem Stuhl am Fußende des Bettes Platz.

»Meine liebe Germaine«, begann er.

»Wird es eine Ansprache werden?«

Er setzte sich in Positur.

»Meine liebe Germaine ... Zwischen uns ist es aus, aus, aus. Ich habe dir einen Abschiedsbrief geschrieben. Aber – ich kenne deine Schlamperei und deine Art, mit Briefen umzugehen. Darum bin ich zurückgekommen, um ihn dir vorzulesen.«

»Wissen Sie«, sagte Germaine, »daß Sie über das hinausgehen, was an Lächerlichkeit erlaubt ist?«

»Das ist möglich«, fuhr Nestor fort, »aber Sie werden meinen Brief anhören.«

Er zog ihn aus der Rocktasche.

»Ich werde nicht zuhören.«

»Sie werden zuhören.«

»Nein.«

»Doch.«

»Nein.«

»Gut. Ich werde ihn trotzdem vorlesen.«

Sie stopfte sich die Ohren zu und trällerte vor sich hin. Osiris begann, mit der Stimme eines Mannes zu lesen, der gewohnt ist, Börsenkurse auszuschreien.

»Mein armer kleiner Tollkopf...«

Germaine bekam einen Lachkrampf.

»Madame lacht, Madame hört zu«, bemerkte Nestor. »Also lese ich weiter.«

Aber diesmal sang Germaine aus Leibeskräften, und die Vorlesung wurde unmöglich. Nestor legte den Brief auf seinen Schoß.

»Also gut«, sagte er, »ich höre auf.«

Sie zog die Finger aus den Ohren.

»Ich warne dich allerdings –« (er hob drohend den Zeigefinger) – »wenn du mich nicht lesen läßt, gehe ich. Und du wirst mich nie wiedersehen, hast du gehört, nie, nie, nie.«

»Da es ja dein Abschiedsbrief ist...«

»Es gibt Abschied und Abschied«, stammelte der Arme, der doch eigentlich ein Zahlengenie war, das heißt ein poetisches Genie, aber der sich in der Liebe, die keine Poesie kennt, als vollkommen hilflos erwies. »Ich habe mir vorgenommen, auf freundschaftliche Weise zu brechen, in aller

Form. Und du jagst mich einfach weg. Als ob ich Rechenschaft fordern würde.«

»Ich hab dir keine Rechenschaft zu geben!« schrie Germaine, die von der Komödie genug hatte. »Und wenn du Rechenschaft haben willst – hier bitte: Ja, ich betrüg dich. Ja, ich habe einen Liebhaber. Ja, ich schlafe mit Jacques.« Und bei jedem Ja zog sie an ihrer Haarsträhne wie an einem Klingelzug.

»Da hört sich ja alles auf!« sagte Osiris. Er erhob sich, trat einen Schritt zurück, und mit halbgeschlossenen Augen blinzelnd, betrachtete er Germaine, wie ein Maler sein Bild begutachtet.

Und er warf Germaine vor, daß sie seinen Verdacht auf einen zuvorkommenden jungen Mann ablenke und wahrscheinlich noch erwarte, daß er, Osiris, jetzt zu Jacques stürzen werde, damit sie inzwischen ihren wirklichen Liebhaber einlassen könne. Er fügte hinzu, daß er sich davon nicht täuschen ließe – »ich bin vielleicht der reiche Mann, den man übers Ohr haut, aber reich sein ist ein Handwerk, ein harter Beruf, der den Blick schärft«.

Germaine war hingerissen. Das Theater führt uns Charaktere dieses Schlags vor, aber daß es sie auch in Wirklichkeit geben würde, das hatte Germaine nicht geglaubt.

»Sie sind einfach fabelhaft, Nestor«, sagte sie. »Ich schlafe mit Jacques und Sie –« (Es wurde geklingelt). »Das wird er übrigens sein. Er kommt zum Mittagessen. Verstecken Sie sich, und Sie werden ja sehen.«

Sie hatte es darauf angelegt, mit ihm zu brechen.

»Ich mich verstecken!« lachte Osiris höhnisch. »Das wäre wirklich zu kindisch. Ich weiß heute, wie gerissen Sie sind. Sie würden ihn schon irgendwie zum Mitspielen bringen. Ich bleibe.«

Als draußen die Tür ging und man Jacques reden hörte, rief Nestor:

»Mein lieber Jacques, wissen Sie, was Germaine als letzte Neuheit erfunden hat?«

Jacques trat ins Zimmer.

»Sie schlafen mit ihr!«

Im Umgang mit Germaine hatte Jacques ihre Schliche gelernt. Im Handumdrehen erfaßte er die Situation. Er begriff, daß seine Mätresse, zum Umfallen müde, das Geheimnis ausgeplaudert hatte.

»Immer mit der Ruhe, Monsieur Osiris«, sagte er. »Germaine neckt gern, das wissen Sie doch. Sie zieht Sie an der Nase herum. Und was sich liebt, das neckt sich.«

Jacques, dieses reine Herz, spielte so ausgezeichnet, daß Nestor zum Mittagessen blieb und eine Zigarrenkiste aufmachte.

»Reines d'Egypte.«

In der prunkvollen Kiste sahen die Zigarren aus wie goldgegürtete winzige Mumien von Pharaoninnen.

Osiris aß, rauchte, lachte und fuhr zur Börse.

Germaine schmollte mit Jacques und warf ihm seine Geistesgegenwart vor.

»Du willst mich also nicht für dich allein haben?«

»Ich will nicht an einer so schwerwiegenden Sache schuld sein. Ich möchte mir das nicht eines Tages vorwerfen lassen.«

Das Landgut mit seinen Milchspeisen und seinen frischen Eiern lag weit im Vergangenen.

Als Lazare seinen Bruder ausforschte, klopfte ihm Nestor auf die Schulter.

»Germaine ist ein Original«, sagte er, »und das ist gerade ihr Reiz. Wir ändern sie nicht. Sie war auf dem Land. Sie hatte Kühe nötig. Wir Leute von der Börse begreifen so etwas nicht. Loute ist viel unkomplizierter, wie soll ich sagen: sie ist weniger lebhaft, weniger aufregend. Sie hat im übrigen ihre Qualitäten. Ich bleibe bei Germaine.«

Dieser Zwischenfall ließ erneut vermuten, Osiris sei der Dritte im Bunde. Über Anspielungen und anonyme Briefe lächelte er mit überlegener Miene, als wüßte er um ein Geheimnis, durch das sich Germaine zwar den Lästermäulern ausgesetzt sah, aber zugunsten ihres zahlungskräftigen Liebhabers.

Dieses undurchdringliche Geheimnis war für ihn nichts anderes als das überlegene Wesen seiner Mätresse, ihre Liebe zu Natur und Hundezucht.

Fragte man ihn: »Wo ist Germaine?«, dann antwortete er: »Ich lasse ihr alle Freiheit. Ich rede ihr nichts drein.«

Loute kam nicht aus dem Staunen heraus. Es fehlte ihr an Ungezwungenheit, an Erfindungsgabe. Sie fand ihre Schwester enorm.

VII

Sein Leben war unaufgeräumt wie ein Hotelzimmer voll schmutziger Wäsche, Schachteln und Kämmen. Jacques litt nicht unter dieser Unordnung. Er sah sie nicht mehr. Er sah nur noch mit den Augen seiner Geliebten, die ein solches Leben seit ihrer Kindheit gewohnt war.

Zu dieser Unordnung kam jetzt noch eine weitere Sache hinzu.

Seit drei Wochen erhielt Germaine alarmierende Nachrichten über den Gesundheitszustand ihres Vaters. Sie machte sich nichts aus ihrem Vater und verbrannte die Briefe.

»Weißt du«, sagte Louise, »abends ausgehen, das ist nun einmal unser Beruf.«

Germaine kam sich selber »konvenabler« als Louise vor und behandelte sie mit Herablassung. Sie glaubte, unabhängiger zu sein, wenn sie den Zustand des Vaters Râteau verschwieg. Sie stellte sich, als glaubte sie, ihre Mutter würde übertreiben und sich nur unnötig aufregen.

Als sie sich eines Abends ankleidete, um mit Jacques und Osiris in eine Revue zu gehen, fand Jacques eine halb unters Telefon geschobene Depesche: *Vater im Sterben dringend erwartet Kuß*. Germaine hatte sie versteckt, um ins Theater gehen zu können. Jacques zeigte sie ihr wortlos.

»Laß doch«, sagte sie, malte sich die Lippen an und rieb sie aneinander. »Ich werde morgen hinfahren.«

Während der Pause, gegen elf Uhr, segnete Vater Râteau in seinem Landhäuschen das Zeitliche.

Seit zwei Wochen hatte ihm Madame Râteau *La Maison du Baigneur* vorgelesen, worin eine mechanisch bewegte Zimmerdecke sich langsam senkt und Siete-Iglesias zerquetscht. Râteau verwechselte dieses Kapitel mit der Wirklichkeit. Er hielt sich für Iglesias, legte sich zum Entsetzen seiner Frau auf den Fußboden, drehte sein Gesicht zur Seite, versuchte, den geringsten Raum einzunehmen. So starb er, tatsächlich von der Decke seiner Stube erdrückt.

Monsieur Râteau hinterließ seiner Frau, was ihm seine Tochter zugeschanzt hatte. Er wollte, so hatte er angeordnet, in der Familiengruft auf dem Friedhof Père Lachaise beigesetzt werden. Osiris bestellte einen Leichenwagen bei der Beerdigungsgesellschaft.

Loute hatte sich mit ihrer Mutter überworfen.

Da Germaine sich weigerte, allein aufs Land zu reisen, um den Toten abzuholen, bat Jacques in der Rue de l'Estrapade um einen Sonderurlaub. Nestor war bereit, seinen Wagen zu leihen, der sich besser als Germaines Limousine für Überlandfahrten eignete. Der Leichenwagen fuhr einen halben Tag früher ab.

Diese Reise nach dem Landgut wog die andere nicht auf. Der Chauffeur hatte einen kleinen Spiegel vor sich, der ihm erlaubte, die beiden zu beobachten. Man mußte vorsichtig sein.

Germaine organisierte die Rückfahrt. Sie hing an ihrer Mutter. Sie schlug vor, Madame Râteau für zwei Wochen zu sich nach Paris zu nehmen. Sie mietete drei Zimmer, die über ihrer Wohnung lagen und als Abstellraum dienten. Sie ordnete an, einige der Möbel in die Wäschekammer herunterzuschaffen und die drei Stuben mit dem Rest zu möblieren. Madame Râteau würde ihr kleines Zuhause haben.

Germaine spekulierte, plante, war gerührt.

Sie war unfähig zu heucheln (außer Nestor gegenüber), und so vergoß sie nicht eine einzige Träne wegen eines versoffenen Vaters, der sie oft genug geprügelt hatte. Sie erklärte ihre Mutter für endlich erlöst.

Madame Râteau ging ihnen entgegen. Sie weinte. In der einen Hand hielt sie ihr Taschentuch, in der andern einen spanischen Fächer.

Seitdem sie nicht mehr arbeitete, ließ sie sich die Nägel wachsen. Da sie mit ihren Händen nichts mehr anzufangen wußte, trug sie beständig den Fächer mit sich herum. Ihre Gestalt glich einem Sack mit Dominosteinen. Sie hatte ein regelmäßiges, gewöhnliches Gesicht und violette Backen, ihr weißes Haar unterstrich noch einen Teint, der dem eines englischen Landrichters glich.

Germaine stellte ihr Jacques vor. Die Witwe sah ihn mit dem Blick jener Leute an, die an Seekrankheit leiden.

Der Sarg stand in dem Raum, wo das junge Paar auf »*Weltreise*« seine Mahlzeiten eingenommen hatte.

Germaine entledigte sich ihrer Rolle mit Takt. Sie entschied, daß Madame Râteau mit ihnen im Auto zurückführe und daß der Leichenwagen nachzufolgen hätte.

Jedesmal wenn das Wort Leichenwagen fiel, schüttelte Madame Râteau den Kopf und wiederholte: »Leichenwagen ... Leichenwagen ...«

Die Rückfahrt verlief kläglich. Germaine klopfte an die Scheibe. Sie ersuchte den Chauffeur, das Tempo zu mäßigen, damit Monsieur Râteau folgen konnte.

Als sie wieder einmal durch das Rückfenster Ausschau hielt, rief sie plötzlich aus:

»Aber wo ist denn die Leiche hingeraten?«

Die Landstraße verlor sich in der Ferne, ohne Leichenwagen.

Sie hielten an und fuhren zurück, auf der Suche nach der

Leiche. Sie fanden sie endlich wieder. An einer Straßenkreuzung hatte es eine Panne gegeben. Ein Rad mußte ausgewechselt werden. Der Wagenheber taugte nichts. Jacques und der Chauffeur mußten mit an die Arbeit.

Sie quälten sich eine Stunde lang mit dem Leichenwagen ab. Madame Râteau, von Schluchzen und Tränen matt, ermutigte sie, indem sie den Kopf schüttelte. Endlich fuhren sie weiter.

Jacques schwieg und brachte dadurch Germaine so aus der Fassung, daß sie ihn zu seiner Erlösung in der Rue de l'Estrapade absetzte. Einen Augenblick lang glaubten die Männer von der Beerdigungsgesellschaft, sie hätten einen berühmten Toten ins Pantheon* zu überführen.

Die Trauer von Madame Râteau gab den großen Modehäusern und den Modistinnen en vogue alle Hände voll zu tun. Germaine fand es »respektabel«, eine verwitwete Mutter zu haben, und führte sie überall vor. Sie nahm sie zu den Lieferanten mit, und Madame Râteau fand Geschmack an dieser Art von Luxus. Nur noch in schwarzen Krepp gehüllt, kam sie rauschend daher. Sie hatte nun Kleider und Morgenröcke aus Krepp, Mantillen und Hüte aus Krepp, Umhänge und Kapuzen aus Krepp. Im übrigen gab sie mächtig darauf acht und ging niemals aus dem Haus, wenn es irgendwie nach Regen roch. »Der Krepp«, sagte sie außerdem, »der Krepp verschießt leicht, das ist für die Sonne nur ein Happen.«

Aber so wenig man zögert, einen Strauß buntleuchten-

* [*Anm. d. Übers.:* Die Rue de l'Estrapade ist nur einige Schritte von dieser Ruhmeshalle mit den sterblichen Resten berühmter Männer entfernt.]

der Blumen auf einen Katafalk zu legen, so wenig verzichtete Madame Râteau auf ihren Fächer.

Germaine nahm sie eines Sonntags nach Versailles mit. Sie hatte Jacques zu diesem Dienst kommandiert, und das Schweigen, das bis zur Porte du Bois de Boulogne im Wagen herrschte, erlaubte ihm, den Fächer zu studieren.

Er schilderte den Tod des Gallito.

Nichts ähnelt einem feurigen Sonnenuntergang mehr als ein Stierkampf. Der Stier auf dem Fächer senkte mit Herablassung den gewaltigen Nacken und die mächtige Stirn mit den Antinouslocken. Er äugte nach der Menge und bohrte sein rechtes Horn in den Bauch des hingestreckten Matadors. Links hinter ihm sah man einen Pikador auf einem blutüberströmten Pferd, dem man die Rippen zählen konnte wie einem spanischen Christus. Der Pikador versuchte, das gute Tier abzulenken, auf dessen Nacken ein Strauß von Banderillas zitterte. Ganz links kletterte ein Mann über die Palisade. Wie der Bogenschütze von Ägina, der, wie man behauptet, kniet, um einen Winkel auszufüllen, so belebte irgendein buckliger Handlanger die äußerste rechte Ecke des Fächers mit seinem Höcker.

Jacques langweilte sich. Der Trauerkrepp schüchterte ihn ein. Er wagte nicht, Germaines Knie zwischen den seinen zu pressen.

»Gallito«, so blödelte er vor sich hin, »Gallito, Gall, Gal, gal . . .« Und bei diesem Gal dachte er an die Verszeilen von Victor Hugo:

»Gall, amant de la reine, alla, tour magnanime
Galamment, de l'arène à la Tour Magne, à Nîmes.«

Er rezitierte sie halblaut vor sich hin, wie man ein Lied summt.

»Was erzählst du da?« fragte Germaine.

»Nichts. Ich dachte an zwei Verse von Victor Hugo.«

»Fang nochmal an.«

»*Gall, amant de la reine, alla, tour magnanime*
Galamment, de l'arène à la Tour Magne, à Nîmes.«

»Was soll das denn heißen?«

»*Gall:* ein gewisser Herr Gall – *amant,* der Geliebte, *de la reine,* der Königin – *alla:* begab sich – *tour magnanime:* das war eine hochherzige Tat – *galamment:* ritterlich – *de l'arène:* von der Arena, wie auf dem Fächer deiner Mama – *à la Tour Magne:* nach dem Turm, den man den Magne-Turm nennt – *à Nîmes.*«

»*Anime?* Er bringt da Leben hinein?«

»Aber nein. *A Nîmes:* in der Stadt Nîmes.«

»Na und?«

»Weiter nichts.«

»Dein Victor Hugo hat die Leute für blöd verkauft, als er das schrieb.«

»Er hat das extra so gemacht. Als Wortspiel.«

»Ich finde daran nichts zum Lachen.«

»Es soll ja auch nicht zum Lachen sein.«

»Dann versteh ich überhaupt nichts mehr.«

»Sieh mal, die zwei Verszeilen sind gleich, wenn man sie hört, und verschieden, wenn man sie liest.«

»Erklär mir das.«

»Die zwei Verszeilen reimen sich nicht bloß am Ende, sondern von vorn bis hinten.«

»Dann sind's doch keine Verse mehr, wenn's zweimal dasselbe ist.«

»Aber es ist nicht zweimal dasselbe. Es ist doch von verschiedenen Dingen die Rede. Das Ganze ist einfach ein Kunststück.«

»Was soll denn daran ein Kunststück sein! Solche

Kunststücke mach ich dir ein Dutzend pro Tag. Wenn's nichts weiter ist, als daß man zweimal dasselbe sagt und dann behauptet, das wäre ein Gedicht.«

»Aber so hör doch, Germaine! Du hörst ja nicht zu.«

»Vielen Dank. Sag doch gleich, daß ich eine blöde Gans bin.«

»Aber, Germaine...«

»Reden wir nicht mehr davon, da ich ja sowieso zu dumm bin, um das zu begreifen.«

»Ich habe niemals behauptet, daß du das nicht begreifen kannst. Du willst, daß ich dir die Sache erkläre. Ich erkläre, und du wirst eingeschnappt...«

»Ich werde einschnappt? Da hört sich doch alles auf! Ich pfeif auf deinen Victor Hugo.«

»Erstens ist das nicht *mein* Victor Hugo, und zweitens hab ich dich gern. Diese Verse sind stupid. Reden wir nicht mehr davon.«

»Vor einer Minute hast du sie noch nicht für stupid gehalten. Jetzt hältst du sie für stupid, damit ich dich in Ruhe lasse.«

»Wir haben uns noch nie gestritten. Wollen wir uns wegen einer solchen Lappalie in die Haare kriegen?«

»Wie du willst. Ich frag dich ganz sanft, aber Monsieur denkt an anderes, ich stör ihn, und er gibt mir ein Zuckerplätzchen, damit ich still bin.«

»Ich erkenne dich nicht wieder.«

»Ich dich auch nicht.«

Diese ausgesprochen sinnlose Szene war die erste, die sich die beiden machten, und sie begann im Bois de Boulogne. Nach ihrem »Ich dich auch nicht« drehte sich Germaine zum Fenster und zählte die Bäume. Madame Râteau fächelte sich ununterbrochen.

Sie kamen in Versailles an, nahmen im Hôtel des Réservoirs einen Imbiß. Weder Germaine noch ihre Mutter sprachen ein Wort.

Auf der Rückfahrt brach Germaine das Schweigen.

»Jacques, Liebling«, sagte sie mit sanftergebener Stimme. »Diese zwei Verse ...«

»Au!«

»Möchtest du sie mir beibringen?«

»Gut. Hör zu. Ich wiederhole sie dir Stück für Stück:

Gall – amant – de – la – reine – alla – tour – magnanime –
Galamment – de l'arène – à la Tour Magne – à Nîmes.«

»Na, da siehst du ja selber, es ist zweimal die gleiche Sache.«

»Aber nein.«

»Du sagst: Aber nein – und du beweist nicht das geringste.«

»Daran gibt's nichts zu beweisen. Das ist eine berühmte Sache.«

»Berühmt ist sie auch noch?«

»Ja.«

»Sehr berühmt?«

»Ja.«

»Wie kommt's dann, daß ich nichts davon weiß?«

»Weil du dich nicht mit Literatur abgibst.«

»Das ist es ja, was ich sage. Ich bin eine blöde Gans.«

»Hör mal, Germaine, du bist das gerade Gegenteil von blöd, aber heute machst du mir angst. Du hast es darauf angelegt, mir angst und bang zu machen.«

»Das fehlte ja gerade noch.«

»Es ist wirklich traurig, wegen so einer blödsinnigen Sache sich gegenseitig wehzutun.«

»Ich habe dich nicht dazu aufgefordert.«

»Schluß damit, lassen wir das! Ich hab genug. Ich bitte meinerseits um Schweigen.«

So stichelten sie immer weiter, bis der Wagen in Paris einfuhr und Madame Râteau zum erstenmal den Mund auftat.

»Schaut, Kinder«, sagte sie, während sie den Fächer zusammenklappte, »das alles hat nicht gehindert, daß dieser Gall der Liebhaber von einer Königin war.«

Dieses Wort einer Mutter zeugte von einem vollendeten Sinn für Tatsachen.

Die spärlichen Worte, die Madame Râteau von sich gab, waren treffliche Worte. Sie sagte zum Beispiel: »Mein armer Mann war in einer Stunde abserviert« oder: »Was, Monsieur Jacques? Paris hat früher einmal Lutetia geheißen? *Letzte Neuigkeit!*«

Als sie eine »fabelhafte Statue des Henri IV« lobte, fragte Jacques mechanisch, ob es sich um eine Reiterstatue gehandelt habe. Sie sann einen Augenblick nach, antwortete: »So so . . . halb und halb«, und lieferte auf diese Weise eine Definition des Zentauren.

Germaine hielt sich den Bauch vor Lachen. Madame Râteau verschluckte ihren Ärger. Jacques versank noch tiefer im Treibsand.

Als er am Morgen nach der Affäre Gall aufwachte, fühlte er sich niedergeschlagen.

Wie ein Operierter an kühlende Getränke denkt, wie ein am Rückgrat Verletzter, der nicht mehr aufrecht sitzen kann, Stühle auf Papier kritzelt – so dachte er an die bescheidenen Ehefrauen, die den Männern die Arbeit erleichtern und eine Familie gründen. Aber er wies diesen Durst nach frischem Wasser zurück, als wär's ein Durst nach Alkohol.

Eines Nachts jedoch, als er Germaine in seine Arme nahm, flüsterte er ihr zu, daß er sich ein Kind wünsche. Germaine gestand, daß ihr dieses Glück versagt sei.

»Wenn das möglich wäre, hätte ich schon längst eins«, sagte sie. »Zum Trost ziehe ich Foxterrier auf.«

Der Pfirsich erzählt von seinem Wurm. In fast allen verbirgt sich einer. Armer Jacques, das wäre eine große Unvorsichtigkeit, wenn du dein Los mit dem Schicksal der erlesenen Tiere, von denen du träumst, vertauschen wolltest. Kaum hat man ihre Gestalt angenommen, so fühlt man nicht nur ihre Unvollkommenheiten, die unter Parkbäumen und im Qualm der Nachtlokale dem Blick entgehen, sondern auch dieses oder jenes tiefverborgene Gebrechen.

Alle diese einander folgenden Belastungen entfernten ihn keineswegs von Germaine. Im Gegenteil, er bedauerte sie. Das heißt, er bedauerte sich selbst. Seine Liebe wuchs, sie war schlaftrunken wie ein Kind, das man wiegt.

Germaine gab eine Party. Die alte Sucre-en-Poudre und ihre Gefolgschaft kamen unangesagt vorbei.

Sucre-en-Poudre hatte ihre sechzig Jahre hinter sich gebracht, sah aber aus wie fünfundzwanzig. Ihr Rezept war, nur Champagner zu trinken und ausschließlich mit Jockeys oder Tanzlehrern zu schlafen. Sie hatte ein Lokal, wo man Opium rauchte. Man streifte sich japanische Kimonos aus Crêpe de Chine über. Man rauchte und hockte dabei wahllos auf Bettvorlegern herum. Man hörte sich eine Platte des seligen Caruso an, der den *Bajazzo* schmetterte.

Die ganze Bande schrie, hüpfte herum, boxte sich.

Gegen sieben Uhr verstaute man sich in ein offenes

Auto. Am Steuer saß bleich und stumm ein Chauffeur, der nichts sah und nichts hörte wie einer im Kokainrausch.

Jacques und Germaine stiegen zu Madame Râteau hinauf. Sie saß auf einem Stuhl, wandte ihnen den Rücken zu. Nur der Fächer wedelte.

»Tag, Mama.«

»Guten Tag, mein Kind.«

»Du hast eine komische Stimme.«

»Ganz und gar nicht.«

»Doch.«

»Aber nein.«

»Doch, doch, Madame Râteau, Sie sprechen ganz anders als sonst.«

»Jacques sagt es auch. Du hast etwas.«

»Gut«, sagte die Witwe, »wenn du mich dazu zwingst, dann sag ich's eben. Ich finde es sehr merkwürdig, daß man Feste feiert und mich nicht dazu einlädt.«

»Aber was fällt dir ein, Mama, das ist doch nicht dein Ernst! Erstens bist du in Trauer« (die gute Tochter vergaß sich selber), »und zweitens kann ich dich wirklich nicht mit Fräulein Sucre zusammenbringen.«

Als er diesen unerwarteten Vorwand hörte, war es Jacques, als öffnete sich eine Geheimtür. Denn so wie eine Frau eine Modezeitschrift betrachtet, auf deren Umschlag man diese Frau die Zeitschrift betrachten sieht und so weiter bis zu einem gewissen Punkt, an dem die Wiederholung aus Platzmangel aufhört und dennoch weitergeht – genau so meint man, auf dem Grund einer sozialen Schicht angelangt zu sein, und begegnet doch noch immer einer Anzahl von Wesen, die imstande sind, jenes Wort eines Königs

auszusprechen: »Ich bin meiner Schwester fremder als meine Schwester ihrem Obergärtner.«

Jacques nahm das alles hin. Er war zu sehr mit Germaine verbunden, als daß er über ihre Handlungen und ihre Familie urteilen konnte. Es war so weit, daß die dunklere Hälfte seines Innern wie ein Tintenfisch zornige Sepiawolken wider seine lichtere Hälfte ausspie. Nachdem sie ihr beigestanden hatte, fing sie nun an, ihr die Augen zu verschließen.

Louise leistete sich Majeddin und Majeddin Louise. Dieser leidenschaftslose wechselseitige Tausch hielt sie bei guter Laune. Parallel zum Drama Jacques–Germaine gingen sie ihrem unschicklichen leichten Vergnügen nach.

Louise wurde von einem ausländischen Prinzen ausgehalten. Er war Kronprinz und verließ sein künftiges Königreich nur selten. Zuweilen kam er zu den Konferenzen, bei denen sich die Großen in London versammelten. Hinterher verbrachte er vierzehn Tage mit Louise. Bei ihr plauderte er die Geheimnisse Europas aus. Er erzählte, was sich die Kindsköpfe von Königen auf ihren Treffen vorlügen und wie sie zuerst das Mäntelchen wechseln, ehe sie sich begrüßen. Er schrieb ihr das sogar, und Madame Supplice sagte des öfteren mit ihrer überlegensten Stimme: »Seiner Hoheit soll es nur nicht einfallen, Louise sitzen zu lassen. Louise brauchte nur seine Briefe an die Grenze zu bringen. Mich wundert's, daß ein Mann wie er solche Sachen schreibt. Sie würde die Briefe glatt an die Grenze tragen. Sie hat ihn in der Hand.«

Im großen und ganzen führte Louise ein sorgloses Leben, außer wenn es von Zeit zu Zeit einmal in der Politik kriselte.

Jeden Monat, pünktlich am fünfzehnten, erschien ein Offizier mit blauschwarzem Schnurrbart in der Rue Montchanin, klappte die Hacken zusammen und überreichte einen Briefumschlag.

Vom Klosettfenster aus bewunderte Majeddin seine Uniform.

Eines Morgens gegen sechs, als sich Majeddin anzog, um mit Jacques die Heimfahrt anzutreten, kam ihm der Einfall, sich einen Spaß zu machen. Louise schlief. Auf dem Nachttischchen stand eine Schachtel mit Münzen und Schmuck. Ob Majeddins Einfall wirklich komisch war, steht dahin, jedenfalls lief er darauf hinaus, das Diebespaar im zweifelhaften Absteigequartier zu spielen und geräuschvoll eine schwere Münze auf die andere in die Schachtel zurückfallen zu lassen, damit die Schläferin aufwache.

Der Schlaf besitzt sein eigenes Universum, seine Kontinente, seine Geometrie, seine Kalender. Es kommt vor, daß er uns bis vor die Sintflut zurückversetzt und uns so ein mysteriöses Wissen um das Leben unter Wasser wiederschenkt. Wir schwimmen und glauben mühelos zu fliegen.

Die Erinnerungen Louisens verloren sich nicht so weit zurück. Das Geräusch der aufschlagenden Münze holte sie aus einer weniger tiefen Traumschicht herauf.

»Gustaf... du wirst mich nicht hungern lassen...«, seufzte sie.

Sie seufzte zehn Jahre zu früh.

Majeddin war mit dem Ergebnis zufrieden. Er lachte noch in der leeren Straße vor sich hin. Jacques wartete auf ihn. Majeddin erzählte ihm, was ein Geldstück an den Tag bringen kann, wenn es in ein schlafendes Meer fällt.

»Armes Kind«, sagte Jacques. »Erzähl ihr nichts davon.«

»Du machst aus allem ein Drama«, rief Majeddin. »Das ist verkehrt. Du vergiftest dir nur das Leben.«

In der Untergrundbahn entdeckte Jacques, daß er seine Armbanduhr hatte liegen lassen. Am nächsten Tag traf er sich nicht mit Germaine, am übernächsten ging er gegen zehn Uhr in die Rue Daubigny, um die Uhr abzuholen.

Madame Supplice, die Concierge, war nicht da. Er steckte den Schlüssel ins Schloß, sperrte auf, ging durch den Flur und öffnete die Tür. Was sah er? Germaine und Louise.

Sie schliefen Arm in Arm, verschlungen wie Initialen, man hätte nicht sagen können, welcher von beiden dieses Bein und jener Arm gehörten. Herzkönigin ohne Kostüm.

Vor diesen weißen aufs Linnen hingeworfenen Leibern stand Jacques fassungslos da wie Petrinchen vor ihrer verschütteten Milch. Er hätte die beiden umbringen mögen, aber das wäre lächerlich gewesen und außerdem ein Pleonasmus, denn es schien unmöglich, diese Leblosen noch lebloser zu machen. Gerade daß Germaine ihren halboffenen Mund bewegte und Louise mit den Beinen zuckte wie eine schlafende Hündin.

Jacques war überrascht von der einfachen Natürlichkeit dieses Anblicks.

Es war, als ob die unzweideutige Stellung diese schönen Körper noch verschönte. Im Laster groß geworden, fanden sie darin ihre Erholung.

Aus welcher Tiefe trieben diese beiden Ertrunkenen herauf? Ohne Zweifel kamen sie von weither. Alle Wellen, alle Mondnächte hatten sie von Lesbos hergetragen, um sie hier auf den Strand zu spülen, überschäumt von Spitzen und Musselin.

Jacques war so verwirrt, daß er unbemerkt wegzugehen beschloß. Aber wie ein Sünder von Jesus, so wurde Louise von Jacques' Gegenwart zum Leben erweckt.

»Bist du's, Mama?« murmelte sie und öffnete halb die Augen.

Sie schlug sie ganz auf, erkannte Jacques und rüttelte Germaine aus dem Schlaf.

Jetzt hieß es lächeln oder prügeln. Jacques knurrte zwischen den Zähnen: »Das ist ja eine saubere Geschichte.«

»Was? Eine saubere Geschichte?« schrie Germaine. »Dir wäre es also lieber, wenn ich dich mit einem Mann betrügen würde?«

Eine Frau ihrer Sorte würde nach einer Ausrede suchen, wenn sie noch liebte. Aber sie liebte nicht mehr, noch ohne es begriffen zu haben. Seit dem Sonntag auf dem Landgut war das Feuer erloschen, und ihr Herz liebte nur noch aus Gewohnheit.

»Du bist noch zu klein«, gähnte Louise.

Jacques nahm seine Armbanduhr und verschwand.

Bei Berlins kam ihm zum Bewußtsein, wie töricht er sich benommen hatte. Nachdem er der Aufwallung seines eigenen Wesens nachgegeben hatte, blickte er nun wieder mit Germaines Augen in die Welt. Er berichtete Majeddin, der das Verhältnis der beiden Freundinnen kannte, von seiner Entdeckung.

»Du machst dir Illusionen«, sagte Majeddin. »Die Moralgesetze sind Spielregeln, aber seitdem die Welt besteht, mogelt jeder, so gut er kann. Daran ändern wir beide nichts. Triff dich mit ihnen um vier Uhr auf der Rollschuhbahn. Ich habe einen Kurs und hol euch um sechs Uhr ab.«

Jacques rasierte sich, träumte vor der Fotografie der Kurzsichtigen, beglückwünschte sich, daß er als Nebenbuhler nur einen Osiris und eine Louise hatte, schmierte eine griechische Übersetzung herunter und eilte zur Rollschuhbahn. Dort gab man eine Galavorstellung zugunsten einer Musikerhilfe.

VIII

Der Saal war überfüllt. Das vulkanische Grollen der Rollschuhe auf dem Zement dröhnte einem noch während der Pause in den Ohren. Ein Negerorchester wechselte mit einem Orchestrion ab. Die Neger schickten sich die Trompetenstöße wie rohe Fleischklumpen zu. Auf einem Tischchen neben dem Orchestrion, das seinen Kartonzickzack hinten herausspie, schrieb eine Dame in Trauer ihre Briefe. Sie wechselte die Notenbänder aus. Eine blasierte Menge wirbelte durcheinander, jeder glaubte sich im Mittelpunkt einer weiten Leere. Im Untergeschoß war eine reizende Schießbude mit Wänden wie aus Ziegeln, mit Tonpfeifen, roten Schießscheiben, einem Zug vorüberhüpfender Hasen, mit Palmen und Zuaven. Der übliche Springbrunnen, auf dem ein Ei tänzelt, war hier ein Tulpenbaum, von dem der Schütze die Blumen wegschoß. Das Fräulein der Bude bückte sich nach den Ersatzblüten und steckte sie an den Baum. Männer im Pullover schoben Kegel. Vom Saal aus hörte man zwischen zwei Musikstücken ein dumpfes Krachen. Es klang, als würde einer seine Schuhspanner in alle Winkel seiner Stube schleudern.

Auf dem Balkon, der rings um den Saal führte, beugten sich zwei amerikanische Matrosen mit den Profilen eines Dante und eines Vergil über die Brüstung. Ihre Mützenbänder flatterten aufgeregt im Luftzug des Ventilators.

Die Dekoration bestand aus bunten Bannern und dem Spiel der Scheinwerfer.

Eine Nummer frischte den alten Cancan auf. Acht Frauen, die das Goldene Zeitalter überlebt hatten, schüttelten, ein aufgeregter Hühnerschwarm, ihre Spitzenwäsche zur Musik von Offenbach.

Zuweilen sah man nichts als ihre schwarzen Beine inmitten eines Rauschs von Spitzenbetten aus dem Palais Royal. Dann wieder ließen sie aus Leibeskräften ihre Füße wie Champagnerpfropfen in die Luft fliegen und verschwanden unterm Schaum ihrer Spitzen und Rüschen. Die Geburt der Aphrodite hat nicht so viel Schaum aufgewirbelt.

Wie der Stierkampf ein spanisches Herz, so läßt dieser Tanz jedes Pariser Herz höher schlagen. Er endet mit dem »grand écart«, dem Spagat, und dann sieht jede Tänzerin aus wie auf jenen transparenten Postkarten die alte Jungfer namens Eiffelturm, die ihre Schaufensterpuppenbüste bis hinauf zum Herzen lächelnd entzweispaltet.

Jacques schlug sich bis zu Germaine und Louise durch, die trotz des Andrangs Platz gefunden hatten. Seitdem er sie überrascht hatte, ließ ihn die Erinnerung an dieses vielgliedrige Hindugötterbild nicht mehr los. Als er sie sah, mußte er sich Mühe geben, sie auseinanderzuhalten.

»Da, trink«, sagte Germaine, »mir ist das Gesöff zu kalt.«

Jacques trank, glücklich darüber, daß er den Strohhalm, an dem Germaine gesaugt hatte, zwischen die Lippen nehmen durfte. Plötzlich erschütterte neben ihm ein mächtiger Stoß die Brüstung der Rollbahn. Rote Hände klammerten sich an das Plüschgeländer. Jacques sah auf. Es war Stopwell.

»Tag, Jacques! Bitte um Pardon, bin ausgerutscht. Habe Sie sitzen sehen und bin hergesaust. Ich hab nicht gewußt, daß Sie zum Rollschuhlaufen gehen.«

Jacques überschrie das Orchestrion, das einen taub machen konnte: »Aber wenn Sie hierherkommen, warum sind wir uns dann noch nie begegnet?«

»Ich bin anderswo gelaufen. Heute bin ich hier wegen der Vorstellung.«

Er verschwand in der Menge.

»Wer ist das?« fragte Germaine.

»Das ist der Engländer, der schrrrreckliche Engländer aus der *Reise um die Welt in achtzig Tagen.*«

»Laden Sie ihn doch an unsern Tisch ein«, sagte Louise, »er ist allein, Sie haben ihn noch nicht einmal aufgefordert, sich zu uns zu setzen.«

So ziehen sich die Wolken zusammen, die Luft kühlt ab, die Pflanzen neigen sich zur Seite, das Wasser nimmt den Schmelz von Perlen an.

Jacques holte Stopwell herbei, und Stopwell setzte sich zwischen Germaine und Louise.

Wie sagt doch Verlaine von Lucien Létinois –: »Er lief einfach wunderbar!« Stopwell trug Knickerbockers, diese gelungenen englischen Hosen, die unterm Knie geschnallt werden und über die Waden herunterfallen. Außerdem hatte er schottische Strümpfe an, ein weiches Sporthemd, eine Krawatte mit den Farben seines Klubs. Jacques war baß erstaunt über Stopwells natürliche Ungezwungenheit.

Er sah den Engländer immer nur auf der Berlin-Bude. Wie ein Gemälde, das ohne Rahmen und ohne die richtige Beleuchtung nicht viel hergibt und erst, endgültig gerahmt, an einer Wand und bei kräftigem Licht ganz zur Geltung kommt, so gewann Stopwell hier, im Sportpalast beim Rollschuhlaufen, ein ganz neues Relief.

Germaine plapperte etwas von männlicher Eleganz daher. Jacques erklärte gereizt, die Briten besäßen nur eine

Masseneleganz, eine »Regiments-Eleganz«, der französische Schick sei ihr gerade durch die Vorliebe fürs Außergewöhnliche überlegen. Er wies auf die Aufmachung gewisser Mitglieder des Jockey-Klubs hin. Ihre anziehende Einzigartigkeit sei eben ihnen und nur ihnen eigen. Er versuchte, seine Meinung an der Figur des verstorbenen Herzogs von Montmorency klarzumachen, der in fadenscheinigen Anzügen, aber noch mit dem Zylinder auf dem Kopf zu Tisch erschien.

Er verfehlte sein Ziel. Wenn sich das Unglück nähert, beraubt es den Menschen aller seiner Talente.

Stopwell gibt ihm recht. Stopwell plaudert. Er kokettiert mit seinem fehlerhaften Französisch. Jacques hört zum erstenmal einen Stopwellschen Redefluß. Im Hause Berlin läßt er sich nicht dazu herab, den Mund aufzutun.

Er spricht von England. Er ist wie der Matrose, der von seinem Schiff erzählt. Jacques ist gerecht und findet ihn »fabelhaft«. Auf seinem Stuhl an der äußersten rechten Tischkante sinkt er in sich zusammen. Er senkt den Kopf.

Stopwell schlägt ihn mit einer indirekten Antwort zu Boden. Er spricht von Eleganz. Er spickt seine Sätze mit einem jovialen »Wissen Sie«, das aus seinem Mund zugleich liebenswürdig und so unerbittlich wirkt wie sein Händedruck.

»Wissen Sie, es gibt wirklich Eleganz in London«, sagt er. »Gegenüber Rumpelmayer zum Beispiel« (er wendet sich an die beiden Frauen) ... »Da ist die kleine Bude vom Hutmacher Lock. Das ist ein sehr schwarzes und sehr kleines Ding. So klein ..., die Kommis packen die Kisten auf der Straße. Die ganze Kohle von England« (und Stopwell nimmt die Stimme der Lady Macbeth an, wenn sie das berühmte Wort von den Wohlgerüchen Arabiens ausspricht ...), »die ganze Kohle von England hat diesen kleinen Edelstein erzeugt. Hinter seinem Schaufenster, wie man sagt, sehen Sie sehr, sehr alte Hüte. Hüte so alt wie ein Jahrhundert und weiß von Staub. Mister Lock bürstet sie niemals aus. Und wenn Lord Ribblesdale seinen Hut probiert ... also wissen Sie ... das ist einfach groß-ar-tig ...«

Er skandiert dieses »groß-ar-tig« und gibt dem »groß« und dem »artig« noch mehr Nachdruck, indem er seine Hände in die Hosentaschen schiebt, in denen Kettchen und Nickelschlüssel klirren.

Die Frauen sitzen hingerissen da.

Germaine hängt an Stopwells Lippen. Sie verdreht die Augen. Jacques ist stumm vor Bestürzung. Er ist dieser Frau gewissermaßen einverleibt, und nun löst sie sich von ihm ohne jeden Übergang. Er fühlt sich kleiner und kleiner werden, in dem Maß, in dem sie sich von ihm entfernt. Wie der Schuhflicker in Tausendundeiner Nacht nimmt er wieder seine ursprüngliche Gestalt an. Er wird wieder zu dem, der er vor ihrer Liebe war.

Diese leibliche und seelische Marter überschreitet seine Kraft.

»Was ist denn mit Ihnen los, mein Kleiner?« fragt Louise. »Ihre Lippen zittern ja ...«

Germaine hört weder die Frage noch die Antwort.

»Los!« befiehlt Stopwell und stellt sich auf seine Rollschuhe. »Laufen wir zusammen!«

Germaine verläßt den Tisch und folgt ihm wie eine Sklavin.

Jacques starrt auf die Rollbahn. Sie zieht sich auseinander, wölbt sich wie auf Zerrspiegeln. Selbst die Musik gerät ins Schwanken, wie wenn man sich damit amüsiert, die Ohren abwechselnd zu verstopfen und wieder aufzutun. Er entdeckt Peter und Germaine, die aussehen wie Mönche von Greco. Sie ziehen sich in die Länge, hinter einem grünlichen Nebel fahren sie zum Himmel auf, ekstatisch, von Neonlichtern umflammt. Dann rollen sie in einer unbestimmten Ferne dahin, Germaine in die Breite gezogen, zwergenhaft, und Stopwell wie ein Louis-Philippe-Sessel, der seine Beine nach rechts und links schleudert. Die Bar schwankt auf und ab. Louisens Gesicht nähert sich ihm, verschwommen wie in einem Traumfilm. Sie bewegt den Mund, aber Jacques vernimmt nicht ein einziges Wort.

Er fühlt sich nicht mehr von Germaines üppigem Dasein umhüllt. Er spürt seine Knochen, seine Rippen, seine strohgelben Haare, seine spitzen Zähne, seine Sommersprossen, alles, was ihm zuwider ist und woran er lange nicht mehr gedacht hat.

Auf den Lichtwellen des Walzers, der ihm den Hals abschnürt, gleiten Germaine und Stopwell von dem einen Ende der Bahn zum andern, auf einem Bein, mit verschlungenen Händen, in der Haltung von Rosselenkern. Stopwell wölbt den Brustkasten und hält sich für Achilles. Jacques findet ihn einen Augenblick lang absurd und träumt kindlich davon, daß Germaine die Augen aufgehen werden, daß sie weglaufen, allein zurückkommen und ihm eingestehen werde, das alles sei nur Scherz gewesen.

Louise hat kein schlechtes Herz, aber sie ist eine Frau. Sie vergißt nicht. Sie betrachtet schmunzelnd den Geopferten.

Majeddin kommt an. Louise zwinkert ihm zu, zieht die Mundwinkel herab und weist mit einer Bewegung des Kinns nach dem tanzenden Paar.

Majeddin erwidert diese aufklärende Grimasse mit einer andern, er schiebt die Unterlippe vor, neigt den Kopf zur Seite und verdreht die Augen.

Jacques' abgeschlagener Kopf rollt über seine Brust.

»Er macht es nicht mehr lange«, sagt Louise zu ihrem Liebhaber. »Bring ihn nach Haus.«

Jacques lehnt ab. Er gehört nicht zu denen, die davonlaufen. Er gehört zu den Verdammten, die aushalten und den Kelch bis zur Neige trinken.

Der Walzer verklingt. Germaine und Stopwell wanken zum Tisch zurück, suchen Halt an Stühlen und Gästen. Germaine fällt über eine fette Dame. Germaine lacht. Die Dame schimpft. Stopwell zuckt mit den Achseln. Der Mann der Dame steht auf. Die Dame beruhigt ihn und drückt ihn auf seinen Stuhl zurück.

Jacques vermutet nur, was vor sich geht. Alles erscheint ihm verschwommen, ohne Umriß.

Mit der gleichen Bewegung des Kinns wie vorhin – wie wenn man bei einer Beerdigung einen schwatzhaften Freund aufmerksam macht, daß er sich hinter einem Mitglied der Trauerfamilie befindet –, so weist Louise auf das kleine Häufchen Unglück namens Jacques.

»Er wird sich schon wieder erholen«, sagt Germaine.

Ihre Antwort war eine menschenfreundliche im Sinn des Gesetzes, das die Kugel, die der Offizier dem noch atmenden standrechtlich Erschossenen hinters Ohr jagt, als Akt der Barmherzigkeit ansieht.

»Eine Zigarette?« bot Stopwell an.

Reizende Aufmerksamkeit des Scharfrichters.

Nach dem Kehraus brachen sie auf. Sie stiegen in den Wagen Germaines. Jacques, einmal in den Wagen gehißt, schwankte haltlos hin und her, erblickte zur Rechten, zur Linken nur ein verworrenes Gleiten. Das Profil Majeddins, das Odéon, Plakate, das Luxembourg, die

Taverne Gambrinus, das Bassin. Man brachte Stopwell nach Haus.

Der Wagen hielt in der Nähe des Panthéons. Stopwell stieg aus. Jacques blieb sitzen.

»Na, und?« sagte Germaine. »Schläfst du schon? Endstation!«

Er stotterte irgend etwas, sprang aus dem Wagen, ging wortlos mit Stopwell nach Haus. Majeddin fuhr mit Louise weiter.

Peter verschwand in seiner Kammer, Jacques in der seinen. Dort fiel er vor dem Bett auf die Knie und heulte sich aus. Zwischen seinen Wimpern formte sich eine Lupe aus Tränen, und durch sie hindurch starrte er in eine fremde, wunderliche Welt.

Jacques begriff nicht, wie er jetzt noch weiterleben konnte und sich schlafen legen, aufstehen, sich waschen und an die Arbeit gehen, immer mit diesem unerhörten Schmerz, den man doch kaum eine Stunde lang aushielt.

Er entschuldigte sich, aß nicht, legte sich zu Bett, erhoffte den Frieden des Schlafs.

Der Schlaf untersteht nicht unserm Befehl. Er ist ein blinder Fisch, der aus den Tiefen heraufschwimmt, ein Raubvogel, der auf uns herabstößt.

Er spürte, wie ihn der Fisch außer Reichweite umkreiste. Der Vogel schloß seine Schwingen, ließ sich am Rand der Schlaflosigkeit nieder, äugte, glättete sein Gefieder, trippelte hin und her und näherte sich nicht der Falle.

Jacques hielt wie ein Vogelfänger den Atem an. Schließlich schwang sich der Vogel in die Luft und flog davon, und Jacques sah sich dem Unmöglichen gegenüber.

Unmöglich. Es war und blieb unmöglich. Germaines Herzschlag hatte so rasch den Takt gewechselt, daß Jacques keinen Übergang wahrnehmen konnte.

Von einer Sekunde auf die andere war ihr Gesicht in kilometerweite Ferne gerückt. Er hatte gespürt, wie die Hand erschlaffte, die gestern noch nach der seinen suchte. Sein Blick war an Stelle eines werbenden Auges einem prüfenden Blick begegnet.

Er redete sich ein, das alles sei nicht möglich. Er träume nur. Stopwell verachtet die Frauen und gefällt sich nur in einer heuchlerischen Pose, wie man sie wohl in Oxford pflegt. Er ist in der Liebe völlig unerfahren. Er schneidet eine Grimasse, sobald man von physischer Liebe spricht. »So was tut man nicht«, sagt er und fügt hinzu: »Wie kann man mit *den anderen* schlafen?«

Germaines Kaprice wird im Leeren verlaufen. Stopwell ist Frankreich gegenüber voller Mißtrauen. Von jenseits des Ärmelkanals blicken auf ihn der Pastor, der sein Vater ist, seine Fußballkameraden, sein Klub. Nein, nein, das war nur blinder Alarm.

Mit einmal ist eine undurchdringliche Schwärze in seinen Augen. Seine Kinnladen pressen sich aufeinander. Der Vogel ist in der Falle, der Fisch im Netz. Jacques schläft.

Er träumt. Er träumt, daß er nicht träumt. Stopwell, mit einem schottischen Röckchen angetan, will ihn zwingen zu glauben, daß er träume. Dann läuft er auf Rollschuhen, und schließlich fliegt er, flattert um die Rollschuhbahn, auf der Bäume wachsen. Stopwell versucht, ihn zu demütigen, er sagt zu Germaine, daß er, Jacques, träume und nicht wirklich fliege. Germaine macht Luftsprünge, an der Seite Stopwells, und hält dabei einen aufgespannten Sonnenschirm, der ihr als Fallschirm dient. Das Schottenröckchen Stopwells wird länger und länger, er zieht es als eine lange Schleppe hinter sich her.

Germaine singt, von einer Kirchenorgel begleitet, ein *stilles Honorat,* das erst im Traum einen Sinn erhält.

Jacques stürzt ab. Er landet auf dem Grund einer Schlucht aus Laken und Unterwäsche. Er fährt aus dem Schlaf hoch. Er hört, wie Majeddin zu Bett geht. Also ist es Morgen. Er schläft von neuem ein, träumt wieder von der Rollschuhbahn, die sich wie eine Scheibe dreht. So sieht es aus, als ob Stopwell, der ruhig dasteht, sich vorwärts bewege. Jacques verrät Germaine den Schwindel, sie lacht, küßt ihn ab. Er ist selig.

Petitcopain rüttelt ihn aus dem Schlaf. Es ist Zeit, zum Kurs hinabzusteigen. Er steht auf, steckt den Kopf in kaltes Wasser.

Wie Soldaten beim Appell, so wachen nach und nach die eingeschlafenen Erinnerungen auf und treten in die Reihe. Auch die Erinnerung an die Rollschuhbahn ist schließlich dran. Aber kaum stellt sie sich ein, so verlieren alle anderen an Bedeutung und Gewicht. Sie allein wächst, bläht sich auf, wird zum Koloß.

Die Opfer eines Mörders können noch leben, ohne das Maß ihrer Verletzung zu erkennen, solange das Messer in der Wunde steckt. Zieht man es heraus, schießt das Blut nach, und der Todeskampf beginnt.

Das kalte Wasser auf Jacques' Gesicht tat die gleiche Wirkung, wie wenn man ein Messer aus der Wunde zieht. Obgleich Germaine zu dieser Stunde noch schläft, beschließt er, zu ihr zu eilen, um sich umarmen und ausschelten zu lassen, damit die Wunde sich schließe.

Das Tier und die Pflanze in uns sind es, die im Augenblick des Erwachens für uns denken. Ein ursprüngliches Denken ohne die geringste Schminke. Wir sehen uns vor einer furchtbaren Welt, denn wir denken richtig. Gleich darauf versperrt uns die Intelligenz mit ihren Kniffen und Künsteleien den Blick. Sie trägt das liebe Spielzeug herbei, das sich der Mensch ersinnt, um die Leere zu verbergen. Wir reden uns ein, daß wir erst jetzt richtig sehen. Wir schreiben unser Unbehagen den Miasmen zu, die unserm Gehirn entweichen, wenn es vom Traum in die Wirklichkeit hinübergleitet.

Jacques sprach sich Mut zu. Der Kurs begann um neun Uhr. Er gab Peter die Hand. Um zehn Uhr warf er sich in eine Taxe, kaufte unterwegs Blumen und fuhr zu Germaine.

Joséphine machte auf und sah ihn erstaunt an. Germaine schlafe noch.

»Ich wecke sie auf«, sagte Jacques.

Er ging ins Schlafzimmer. Der Traum hatte Germaine in die Vergangenheit zurückversetzt. Sie bot Jacques die Miene dar, die er kannte. Er betrachtete beglückt die gewohnten Einzelheiten, die ihr Gesicht formten. Er legte die frischen Blumen auf ihre Wange.

Germaine gehörte zu den Menschen mit leichtem Schlaf, die im Handumdrehen hellwach sind.

»Du bist's?« sagte sie. »Bist du verrückt geworden, einen um diese Zeit aufzuwecken?«

»Ich hab's nicht mehr ausgehalten«, erwiderte er. »Ich habe geträumt, daß alles aus ist. Ich bin mit einem Wagen hergefahren.«

Germaine kam es nicht darauf an, ein Herz zu brechen.

Sie glaubte wie ein Dienstmädchen, daß sich eine zerbrochene Kostbarkeit wieder zusammenleimen läßt.

»Du hast durchaus nicht geträumt, Kleiner. Behalte deinen Blumenstrauß. Du weißt, ich verstelle mich nicht. Ich liebe Peter, und er liebt mich. Du findest leicht ein Dutzend andere wie mich. Laß mich schlafen.«

Sie drehte sich zur Wand. Jacques warf sich auf den Boden und heulte.

»Hör mal«, sagte Germaine, »mein Zimmer ist kein Spital. Ich kann heulende Männer nicht ausstehen. Geh nach Haus und mach dich an die Arbeit. Du lebst ganz und gar nicht wie ein Schüler, der vorm Examen steht.«

Jacques beschwor sie. Aber sie hatte jetzt ihr starres Wachsgesicht aufgesetzt, diese Schutzlarve derer, die nicht mehr lieben.

Sie verglich Jacques' Liebe mit ihren eigenen Herzensaffären. Sie sagte sich, daß die Krise am nächsten Tag zu Ende sein werde. Sie klingelte dem Mädchen.

»Joséphine, bringen Sie Herrn Jacques einen Tropfen Schnaps.«

Sie ahmte den Zahnarzt nach, der weiß, daß einem vom Zahnziehen schwach wird, aber daß sich die Aufregung schnell wieder legt.

Jacques trank das Gläschen leer, um Germaine den Gefallen zu tun. Joséphine griff Jacques unter die Arme, reichte ihm Hut und Stock und schob ihn zur Tür hinaus. Sie spielte die Sprechstundenhilfe, die sich mit den Schockwirkungen auskennt, aber weiß, daß sie den nächsten ungeduldigen Patienten hereinzukomplimentieren hat.

Von dieser Stunde an hatte das Leben unsres Jacques seine Form verloren, wie ein verbogenes Rad nach einem Sturz.

Es verschleierte sich wie eine Fotoplatte, wenn man den Apparat öffnet.

»Geh sanft mit ihm um«, sagte Madame Berlin zum Professor. »Er leidet.«

»Er leidet? Woran?«

»Schon gut. Wir Frauen haben ein Gefühl für solche Dinge.«

Denn sie spann ihren Liebesroman weiter.

Majeddin traf sich nach wie vor mit Louise. Wenn er sich fortschlich und wenn er nach Haus kam, brach die Wunde von Jacques immer von neuem auf. Diese Nachbarschaft schenkte ihm keinen Trost.

Abwarten ist die kleinlichste aller Beschäftigungen. Das Gehirn ist wie ein Bienenkorb zur Schwärmzeit, es leert sich aus und behält nur zurück, was zu einer freudlosen Arbeit taugt. Wenn unsre leichtfertigen Sinne es stören, werden sie von den Bienenstichen des Schmerzes gelähmt. Es hilft nichts, man muß abwarten, abwarten, abwarten. Man muß Essen hinunterschlingen, stumpfsinnig und mechanisch, um die Fabrik in Betrieb zu erhalten, die Fabrik der falschen Gerüchte, der falschen Projekte, der falschen Erinnerungen, der falschen Hoffnungen.

Was tat Jacques? Er wartete ab.

Worauf wartete er? Auf ein Wunder. Auf ein Zeichen Germaines, auf einen Rohrpostbrief.

Er lag auf seinem Bett herum, mit einem Knoten im Herzen, der nachläßt oder sich erhärtet wie jene Schifferknoten bei den Bewegungen der Taue. Er lauerte auf das Geräusch der Haustür, auf die Schritte des Postboten, der die Telegramme austrägt.

Er erdichtete Geräusche der Torwölbung und des Treppenhauses, aber sie erstarben im Flur. Er wagte nicht auszugehen und fürchtete sich vorm Heimkommen. Er fragte die Concierge: »Ist ein Rohrpostbrief für mich angekommen?«

»Nein, Herr Forestier«, antwortete sie.

Er redete sich ein, die Concierge hätte den Postboten nicht kommen sehen. Auf jeder Treppenstufe hielt er an und zählte bis zwölf. Bereit, an jedes Wunder zu glauben, stellte er sich vor, der Rohrpostbrief würde unterdessen auf seinem Tisch aus dem Nichts entstehen.

Eines Morgens kam der erwartete Brief an.

»Komme um fünf Uhr zu Louise«, schrieb Germaine. *»Ich muß Dich sprechen.«*

Er küßte den Brief, faltete ihn zusammen, steckte ihn zur Fotografie der »göttlichen Grimasse« in die Brieftasche und trennte sich selbst nach allem, was noch geschah, nicht mehr von ihm.

Wie sollte er die Geduld aufbringen, bis fünf Uhr zu warten?

Er lief auf und ab, redete vor sich hin, schlug ein wenig die Zeit tot, die ihn viel mehr umbrachte.

Stopwell ging ihm aus dem Weg. Er sah ihn nur noch bei Tisch. Majeddin glaubte ihn geheilt. Madame Berlin hielt ihn für einen Helden. Ihre Liebeleien mit Jacques erschienen ihr wie die Liebschaft des Herzogs von Nemours mit der Prinzessin von Clèves.

Um vier Uhr begab sich Jacques in die Rue Montchanin.

Er fand die beiden Frauen vor. Louise tat, als poliere sie sich die Nägel. Germaine ging im Zimmer auf und ab. Ihre Frisur ließ die Ohren und die Ohrringe frei, sie hatte ein neues Gesicht. Sie trug ein schwarz und sandfarben gewürfeltes Jackenkleid, das Jacques noch nicht kannte.

»Setz dich«, sagte sie. »Du weißt, daß ich kein Blatt vor den Mund nehme. Ich gehöre nicht zu den Frauen, die sich verstellen. Stopwell wünscht nicht...« (sie wiederholte mit Nachdruck), »er wünscht nicht, daß er und ich miteinander ins reine kommen, ohne daß du es weißt und ohne daß du einwilligst. Ich geb zu, daß ich nicht viel Freunde kenne, die so anständig handeln. Wir haben ausgemacht, daß wir heute in Enghien zu Abend essen. Einverstanden oder nicht?«

»Na los, mein kleiner Jacques«, sagte Louise und hörte einen Augenblick auf, sich mit ihren Nägeln zu beschäftigen. »Na los, mach eine nette Geste.«

Sie war mit sich nicht unzufrieden.

Die »nette Geste« brachte Jacques in Wut. Er fand die Kraft, zu erwidern:

»Es gibt keine *netten Gesten*, Louise. Minister und Damen vom Wohltätigkeitsverein machen *nette Gesten.* Ich gebe nach. Man kann die Liebe nicht zwingen.«

Noch auf der Guillotine bleibt einem ein Schimmer von Hoffnung, denn wenn das Fallbeil sich festhakt, wird man von Rechts wegen begnadigt. Jacques hoffte, daß Germaine von seiner »Seelengröße« gerührt werde und reumütig zu ihm zurückkehre.

»Geben wir uns die Hand«, sagte sie.

Er verspürte einen britischen Händedruck.

»Eine Tasse Tee?« fragte Louise.

»Danke, Louise. Nein. Ich gehe.«

Er schloß die Augen. Er hatte lange auf Germaines Kostüm gestarrt, und nun erschien unter seinen Lidern ein rotes Würfelmuster, das langsam nach rechts davonglitt, sich links erneuerte und nicht aufhörte, vorüberzugleiten.

In der Rue de l'Estrapade klopfte Jacques an Stopwells Tür.

»Stopwell«, sagte er, »sie hat mir alles gestanden. Sie ist frei.«

Nahm Peter an, daß sie wirklich alles gestanden hatte, oder benutzte er die Gelegenheit, um Jacques eins auszuwischen?

»Wir sind Gentlemen. Ich kann Ihnen also sagen, ich habe nichts geahnt von einer Frau im Zimmer von Maricelles. Ich habe Schritte gehört. Ich dachte, jetzt kannst du Petitcopain einmal abfangen.«

Nach diesen unverständlichen Sätzen kam Jacques erst im Flur wieder zu sich, aber nicht anders, als wenn man beim Blindekuhspiel dran ist und einen die Mitspieler im Kreise herumgewirbelt haben.

Majeddin wollte gerade weggehen. Jacques hielt ihn zurück und forschte ihn aus. Er erfuhr folgendes: Am Abend, an dem Germaine in der Rue de l'Estrapade aufgetaucht war und Jacques dem Berlinschen Ritus des Uhrenaufziehens beiwohnte, trat Stopwell, von Petitcopain benachrichtigt, in das Zimmer von Maricelles. Er wollte sich mit Entschuldigungen davonmachen, aber Germaine hielt ihn zurück, erklärte ihm, daß sie auf Jacques warte, fragte ihn nach der Anzahl der Pensionäre, nach der Arbeit, nach den englischen Schulen. Stopwell war der Meinung, daß an den französischen Schulen zu wenig Sport getrieben würde, und erkundigte sich, ob sie Sport treibe. Sie verneinte. Rollschuhlaufen genüge ihr. Sie gab ihm die Adresse der Rollschuhbahn.

»Jetzt gehe ich«, sagte Stopwell, »ich fürchte, Forestier kann jeden Augenblick heraufkommen. Er nimmt leicht übel, wissen Sie. Er würde glauben, ich wäre mit Absicht hier hereingekommen. Versprechen Sie mir, daß Sie nichts verraten werden.«

Jacques dachte an die *»Reise um die Welt«*, an die Witze über den Engländer.

Er ging in sein Zimmer zurück. Auf der schönsten seiner Erinnerungen hatte er einen großen Schmutzflecken entdeckt.

Und in eben diesem Zustand treffen wir zu Beginn des Buches auf ihn. Er lehnt sich auf. Er widersteht. Er ist wieder Jacques geworden, er betrachtet sich im Spiegel.

Ein Wandspiegel ist nicht das spiegelnde Wasser des Narziß, man taucht in ihm nicht unter. Jacques preßt seine Stirn an das Glas, und der Hauch seines Atems verbirgt ihm das fahle Gesicht, das er verwünscht.

Schwarze Brillen und die Melancholie löschen die Farben der Welt aus, aber sie erlauben uns, den Blick fest und unverwandt auf die Sonne und auf den Tod zu heften.

Ohne das Gesicht zu verziehen, faßte er den Selbstmord ins Auge wie eine Reise im Sonderzug. Eine solche Reise erscheint uns als dem Bereich der Träume zugehörig. Man muß sich zu ihrer Vorbereitung zwingen.

Jacques fürchtete den »unästhetischen« Abschluß. Er sah den Journalisten in Venedig vor sich, sein grünes und aufgeblähtes Gesicht. Er erinnerte sich an einen Selbstmörder, den er nach dem Rennen in Maisons-Laffitte am Seine-Ufer liegen sah. An Stelle der Schläfen war ein roter Brei. Da er zur Hälfte im Wasser lag, tanzten seine Füße nach dem Takt der Wellen.

Am Vortag hatte ein Arzt, der im fünften Stockwerk

wohnte, die hohe Zahl jener Todesfälle beklagt, die auf den Genuß von Rauschgiften zurückzuführen wären. Er berichtete von einer Patientin, die eines Nachts, halb verrückt vor Aufregung, bei ihm anläutete. Ihr Freund, den sie eingeschlafen glaubte, war tot. Er hatte zu viel Kokain geschnupft.

Der Arzt eilt hin, kleidet die Leiche an, schleift sie zu einer Droschke und fährt mit ihr, Arm in Arm, zu einer Klinik, wo man ihn kannte und bereit war, die Sache zu arrangieren – und das alles, um eine verheiratete Frau zu retten und den Skandal um einen bekannten Namen der Industrie zu verhindern.

Jacques hat sich entschlossen.

Gegen elf Uhr morgens ging er zur Rollschuhbahn. Die leere Halle wurde gerade gelüftet. Der Barmixer kehrte die Bar aus. Jacques wünschte ihm einen guten Tag und sagte mit hochrotem Kopf:

»Sie wissen, daß ich nicht für Kokain zu haben bin.«

»Jawohl, Herr Jacques«, antwortete der Barmixer, der die Ausrede der Neulinge kannte.

»Haben Sie etwas auf Lager? Ich soll es für eine befreundete Russin besorgen.«

Der Mixer ging hinter die Kasse, reckte den Hals, um zu sehen, ob sie unbeobachtet wären, holte die überdimensionale Flasche, die die Anrichte schmückte, herab, entfernte den falschen Boden und fragte:

»Wieviel wollen Sie haben? Vier Gramm? Zwölf Gramm?«

»Geben Sie mir zehn Gramm.«

Der Barmixer zählte zehn kleine Umschläge zu zwanzig Franken auf den Tisch, steckte zwei Banknoten ein und empfahl äußerste Vorsicht.

»Verlassen Sie sich darauf«, sagte Jacques. Er verstaute die Umschläge in seiner Rocktasche, drückte dem Barmixer die Hand und verließ die Halle.

Um schneller hinauszukommen, überquerte er die Rollschuhbahn. Sie war sein Richtplatz. Sie bestärkte ihn in seinem Entschluß.

Er kehrte nach Haus zurück, so ruhig wie einer, der sein Billett und seine Platzkarte für den Schlafwagen in der Tasche hat und sich nun vor der Abreise nicht mehr um langweilige Kleinigkeiten zu kümmern braucht.

IX

Trotz des Klassenunterschiedes fährt das Leben uns alle gemeinsam in ein und demselben Expreßzug dem Tode zu.

Weise wäre es, wenn man bis zur Endstation schlafen würde. Aber die Reise entzückt uns, und wir geben uns all dem, was uns nur zum Zeitvertreib dienen sollte, so über alle Maßen hin, daß es uns am letzten Tag schwerfällt, die Koffer zu packen und abzuschließen.

Der Gang, der die Abteile verbindet, braucht heimlicherweise nur zwei Seelen einander näherzubringen und sie miteinander zu verflechten, und schon wird die Aussicht aufs Ziel der Reise unerträglich, denn man weiß, daß der Abschluß der Fahrt oder ein vorzeitiges Aussteigen des Gefährten das ganze glückliche Idyll zerstören wird. Man wünscht sich, der Zug möge lange Zeit auf freier Strecke halten. Man heftet den Blick auf die Tür des Abteils, die so linkisch mit dem Auf und Ab der Telegrafendrähte Harfe spielt, ein und dasselbe Arpeggio übt und immer wieder von vorn anfängt.

Man versucht zu lesen. Man nähert sich dem Ziel. Man beneidet alle, die beim Sterben ohne Furcht ihre Angelegenheiten regeln, so wie Sokrates an den Friseur für Phädon dachte und an den Hahn für Äskulap.

Jacques fühlte sich zu einsam und warf sich aus dem fahrenden Zug. Anders gesagt: dieser Taucher ringt in seiner menschlichen Hülle nach Atem und will sich ihrer entledigen. Er tastet nach der Signalleine.

Er zieht sich aus, schreibt ein paar Worte auf einen Notizblock, den er so auf den Tisch legt, daß er gleich in die Augen fällt, und entfaltet die Tüten mit dem Pulver.

Er läßt den Inhalt, der wie Glimmer glitzert, aus der

abgerissenen Umschlagecke in eine leere Zigarettenschachtel rieseln.

Auf einem Möbelstück stand wie bei Stopwell, von dem er diese Gewohnheit angenommen hatte, eine Whiskyflasche, ein Siphon und ein Glas. Er goß Whisky ein, schüttete das Pulver in die Flüssigkeit, rührte um und trank das Glas in einem Zug leer. Dann streckte er sich aufs Bett.

Der Ansturm setzte von allen Seiten zugleich ein. Sein Kopf schien sich zu erhärten. Er dachte an den ähnlichen Eindruck beim Zahnarzt, wenn seine teigige Zunge an fremde, in Holz gefaßte Zähne stieß. Ein kalter Dunst von Chloräthyl drang in seine Augen und seine Wangen. Wellen von Schauern, wie Gänsehaut, durchliefen ihn und erstarrten rings um sein Herz, das zum Zerspringen hämmerte. Diese Wellen kamen und gingen, von den Zehen bis zu den Haarwurzeln, und waren wie ein Meer, dem es an Wasser gebricht und das der einen Küste entzieht, was es der anderen schenkt. Eine tödliche Kälte ersetzte die Wellen, breitete sich aus, verschwand, erschien von neuem, flammte in allen Schattierungen wie das Schillern von Moiré.

Jacques empfand das Gewicht von Kork, von Marmor, von Schnee. Das war der Todesengel, der sich an die Arbeit machte. Er legt sich flach auf die Sterbenden. Um sie in ihre eigenen Statuen zu verwandeln, paßt er das geringste Nachgeben ab.

Der Tod schickt ihn aus, und man möchte ihn jenen seltsamen Abgesandten vergleichen, die an des Fürsten Platz die Braut zum Altar führen. Sie unterziehen sich ihrer Aufgabe mit der gleichen Anteilslosigkeit.

Einen Masseur läßt die Haut von jungen Frauen kalt.

Der Todesengel arbeitet kühl, grausam, geduldig bis zur letzten Verkrampfung. Dann fliegt er weiter.

Seinem Opfer erschien er so unversöhnlich wie der chloroformierende Chirurg oder wie die Boa, die, um eine Gazelle hinunterzuwürgen, sich nach und nach immer mehr ausweitet wie eine niederkommende Frau.

»Der Schneemann... Der Schneemann...« Eine verworrene, abgedroschene Redensart summte in seinen Ohren. Den Kindern erzählt man die Geschichte vom Sandmann, wenn sie abends mit den Erwachsenen aufbleiben wollen, plötzlich den Grund verlieren und in ihrem kindlichen Schlaf ertrinken. Wenn ihr Kinn die Brust berührt, fahren sie hoch und arbeiten sich mit bestürzten Gesichtern an die Oberfläche zurück.

Jacques vernahm eine singende Stimme:

»Der Schneemann... der Schnee... Schnee...« Er durfte nicht nachgeben, und so schwamm er auf dem Rücken, den Kopf zurückgeworfen, nur die tauben Ohren ins unbekannte Element getaucht. Das Werk des Würgeengels war schrecklich, weil es überall zugleich geschah und sich über ihm und unter ihm und in seinem Innersten vollzog. Ein Werk ohne Gewalttätigkeit, der Engel ruhte sich zuweilen aus und ging von neuem an die Arbeit.

Welch ein Unterschied zwischen dem Entschluß, sich zu ertränken, dem Vorgang und der Überraschungen, die er dem Organismus bereitet! Viele Schwächlinge beginnen zu schwimmen, sobald ihnen das Wasser in Mund und Nase dringt, oder wenn sie das Schwimmen nicht gelernt haben, so erfinden sie es in ihrer Verzweiflung.

Jacques wurde von der Furcht überwältigt. Er wollte beten, die Hände falten. Sie waren bleischwer, er vermochte nicht, sie von der Stelle zu rücken.

Der eingeschlafene Arm, auf dem man gelegen hat, fühlt sich rasch an, als sei er von Selterswasser durchströmt. Er prickelt, er gehorcht uns. Die Hände von Jacques blieben leblos.

Die Bewegungen, die man in einem Flugzeug vollführt, lassen sich nicht feststellen. Die Maschine scheint sich nicht vom Fleck zu rühren. Im Pilotensitz eingeschlossen, sieht man, wie die Häuser kleiner werden oder sich aufblähen, man blickt auf eine tote Stadt, die ihr Fluß mitten entzweischneidet, und diese Stadt schaukelt hin und her oder klatscht plötzlich eine Seite aus dem Atlas an eine Wand. Und dann auf einmal wird sie vom Looping über unsre Köpfe an den Himmel gemalt. In dieses Spiel der Welt rings um den Piloten mischt sich die Angst. Unser Magen scheint uns nicht mehr zu gehören. Die Ohren verschließen sich. Ein Schwindelgefühl durchquert uns wie der Faden, mit dem man Butter schneidet. Es geschieht, daß die Maschine landet, während man sich noch in tausend Meter Höhe glaubt, man hält die Heide für Hochwald.

Auf seinem Bett begann Jacques, die Vorgänge in seinem Innern mit den Erscheinungen der Außenwelt zu verwechseln. Die Zimmerwände atmeten. Das Ticken der Pendeluhr kam bald aus dem Tintenglas, bald aus dem Schrank. Das Fenster war dichtverhängt oder weit auf einen ausgestirnten Himmel geöffnet. Das Bett glitt rasch dahin, schwankte, sein Gleichgewicht war in jedem Augenblick in Frage gestellt. Es kippte über und richtete sich langsam wieder auf.

Jacques begann klarer zu denken, trotz eines beständigen Brausens schwärmender Bienen in seinem Gehirn. Er sah die Stadt Tours vor sich und seine arme Mutter, die das Telegramm aufreißt und vor Schrecken erstarrt, er sah seinen Vater, der hastig Koffer packt.

»Das ist das Ende«, dachte er. »Der Tod führt uns noch einmal unser ganzes Leben vor.« Aber er sah nichts anderes mehr. Die Mutter verwandelte sich in Germaine. Sie war Germaine. Sie war Germaine oder seine Mutter. Dann wieder nur Germaine, an die er sich nur mit äußerster Anstrengung erinnern konnte. Er verwechselte ihren Mund und ihre Augen mit Augen und Mund einer Engländerin, eines der Tiere seiner Begier, sie war im Kasino von Luzern an ihm vorübergegangen. Nun verschwand alles hinter einem Edelweiß. Er betrachtete durch eine Lupe dieses Meersternchen aus weißem Samt, das in den Alpen wächst. Er war neun Jahre alt. Man versäumte den Genfer Zug, weil er mit den Füßen trampelte, um zu erzwingen, daß man ihm ein Edelweiß kaufte.

»Erinnerungen...«, sagte er sich. »Jetzt kommen die Erinnerungen dran...«

Aber er täuschte sich. Mit dem Edelweiß war die Vorführung zu Ende.

Die Nachttiere halten sich am Tag versteckt. Ein Brand verjagt sie aus ihren Nestern. Das Ende eines Stierkampfes vermengt die Zuschauer der sonnigen Plätze mit den Leuten, die im Schatten saßen. Der Tumult, den das Gift in ihm erzeugt hatte, vermischte die Schattenhälfte von Jacques mit der lichteren Hälfte. Er verspürte ein ungenaues Gefühl von Überdruß und Ekel und Verzweiflung, ein Gefühl, das nichts mit seinem leiblichen Verfall zu tun hatte. Er dachte nicht an sein vergeudetes Herz noch an die Zeit, als er seinen Gelüsten freien Lauf ließ, er spie dies alles aus, wie ein Betrunkener den Wein ausspeit, von dem er nicht mehr weiß, daß er ihn trank.

Jacques erhebt sich über die Dinge, überströmt seine Grenzen. Er sieht jetzt hinter die Karten. Er kennt die Ordnung nicht, die er verletzt, aber er ahnt dunkel, daß er für sie mitverantwortlich ist. Die Nacht des menschlichen Leibes besitzt ihre Nebelsterne, ihre Sonnen, ihre Planeten, ihre Monde. Der Geist, der sich von der stumpfen Materie loszulösen beginnt, ahnt die Einfachheit des universellen Getriebes. Wäre es nicht so einfach, würde es in Unordnung geraten. Aber es ist so einfach wie das Rad. Unser Tod zerstört Welten, und die Welten unsres Himmels wohnen im Innern des Menschen, dessen Kleinheit uns erstaunt. Und ist es Gott, der das Ganze in sich verschließt? Jacques sank von seinem Aufflug auf den Boden zurück.

Solche hochfahrenden Spekulationen sind häufig in dieser Art von Rausch. Manch ein Mittelmäßiger zieht daraus falsche Schlüsse auf das Ausmaß seiner Intelligenz. Er redet sich ein, die Probleme der Ewigkeit zu lösen.

Nach einer Ruhepause setzten das Flackern, die Schauer, die Krämpfe von neuem ein. Jacques spürte, daß seine Kräfte nachließen. Ströme von Schweiß brachen durch seine Haut, sein Herzschlag ließ nach. Er spürte, wie sein Herz nun um so weniger schlug, nachdem es lange zu heftig geschlagen hatte. Schon berührte er unter dem Gewicht des Engels, der ihn niederrang, mit beiden Schultern den Boden. Er sank ein, das Wasser überspülte seine Ohren. Aber das alles schien kein Ende zu nehmen.

Jacques gab den Kampf auf.

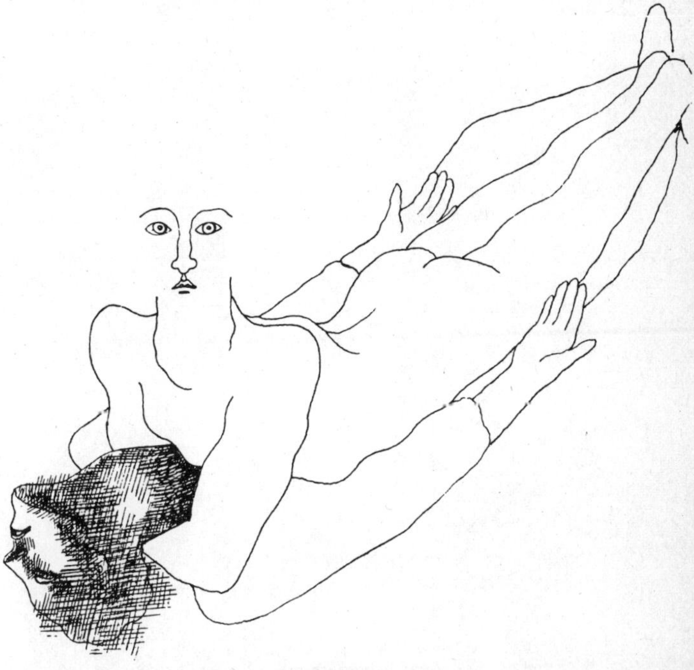

»Na ... na ... na ...«, sagte der Engel, »siehst du, gleich haben wir's geschafft ... Siehst du, es ist gar nicht so schlimm ...«

Jacques antwortete:

»Ja ... ja ... es ist ganz leicht ... ganz leicht ...«

Demütig wartete er ab.

Wie ein torpedierter Dreimaster, plötzlich schwer wie ein vielstöckiges Haus, nach einem letzten Abschiedswinken schräg ins Meer eintaucht, so sank Jacques endlich unter.

Er ist nicht tot. Der Engel hat irgendeinen Gegenbefehl erhalten.

Petitcopain kommt von seinem ersten Schülerball um fünf Uhr morgens nach Haus. Er sieht an dem hellen Streifen unter der Tür, daß Jacques noch Licht hat, er tritt bei ihm ein, halb um Streichhölzer zu holen, halb um sein Abenteuer unter Beweis zu stellen.

Er entdeckt den falschen Leichnam, den Notizblock mit den Abschiedsworten. Er reißt Majeddin, Stopwell, die Berlins und den Arzt vom fünften Stockwerk aus dem Schlaf.

Wärmflaschen werden gemacht, Pflaster aufgelegt. Man reibt Jacques ein, frottiert ihn. Man gießt ihm schwarzen Kaffee zwischen die Zähne. Man reißt das Fenster auf.

Madame Berlin hält sich für die Ursache des Selbstmords und heult sich die Seele aus dem Leib. Berlin hängt ihr eine Decke um die Schultern.

Man legt die Behandlung fest, verteilt die Handreichungen, telefoniert nach einer Krankenschwester. Um acht Uhr erklärt der Arzt, daß Jacques gerettet sei.

Wem verdankt er sein Leben? Einem Spitzbuben. Noch einmal, aber in entgegengesetzter Richtung, rettete ihn seine dunklere Hälfte. Der Barmixer hatte ihm eine ziemlich ungefährliche Mischung verkauft.

X

Die Zeit der Genesung zog sich hin, das vergiftete Blut bewirkte eine Gelbsucht. Nach der Gelbsucht zeigten sich am linken Bein die Symptome einer Nervenentzündung, die vorüberging, ohne akut zu werden. Jacques hatte daran die schneidenden Schmerzen gern, denn sie allein lenken von fixen Ideen ab. Die Medizin nennt sie *exquisite* Schmerzen, mit einer Befriedigung, als wären's Miniaturen zu einem alten Meßbuch.

Obgleich der Weitsprungmeister diskret verschwunden war, kam Jacques in der Rue de l'Estrapade nicht zu Kräften.

Endlich wurde er für transportfähig erklärt, und seine Mutter, die im Hotel wohnte und ihn mit Petitcopains Hilfe seit dreißig Tagen pflegte, brachte ihn nach der Touraine.

Dort, von den Nachwirkungen des Rauschgifts und der Heilmittel erlöst, wacht Jacques an einem Februarnachmittag auf.

Das Muster auf der Tapete seines Zimmers zeigt eine alte Parforcejagd. Die Glut des Holzfeuers im Kamin ist ein dunkel gestreiftes Dickicht, katzenhaft lautlos von weitem und beim Näherkommen erschreckend wie der Kopf eines Tigers. Die Mutter sitzt neben dem Liegestuhl und strickt.

Jacques überläßt sich seiner Mattigkeit. Er stellt sich, als würde er noch schlafen. Er verscheucht seine Kindheitserinnerungen, damit sie die frischen Bilder nicht stören.

Unaufhörlich schiebt er mit linkischer Hand die Schachfiguren Germaine, Stopwell, Osiris, Jacques Forestier von Feld zu Feld. Er nimmt Fehlzüge zurück, heckt unmögliche Kombinationen aus.

Dieses Spiel bringt ihn an den Rand der Erschöpfung und raubt ihm das bißchen Kraft, das ihm die Genesung geschenkt hat. Nach ein paar Augenblicken verschwimmt das Schachbrett vor seinen Augen. Osiris, Stopwell, Germaine haben ihn eingeschlossen. Er ist mattgesetzt, immer von neuem mattgesetzt.

Jacques fragt sich, ob alles nicht eine Sinnestäuschung war. Vielleicht ist Germaine nur eine Ausgeburt seiner Begierde, die einer äußeren Ähnlichkeit auf den Leim ging. Aber nein. Die Begierde täuscht nicht. Germaine gehört zur »Rasse«, zu dieser Rasse auf Erden, die nie zurückschaut, die nicht leidet, die nicht liebt, die niemals krank wird, die hart ist wie Diamanten, hart genug, um die gebrechliche gläserne Rasse zu ritzen.

Von weitem hatte Jacques diesen Menschenschlag bewundert. Zum erstenmal war es nun geschehen, daß er mit ihm in Berührung kam.

Germaine, Stopwell, die können sich gegenseitig nichts anhaben. Aber ein Stopwell kann einen Petitcopain bis in sein Innerstes aufreißen. Man möchte sie auch die Stromrasse nennen. Petitcopain und Jacques gehören zur Rasse der Ertrinkenden. Jacques ist mit einem blauen Auge davongekommen. Es hätte nicht viel gefehlt und er wäre dabei draufgegangen. Und wozu war das Herausfischen gut gewesen, nun? Es ist sein Schicksal, blindlings dorthin zu laufen, wo ein solcher Strom fließt und ein solcher Diamant funkelt.

Aber was, nein, er wird dagegen ankämpfen. Die Willenskraft kann die Linien unsrer Hand ändern. Mit Deichen lenkt man das Schicksal von sich ab, das einem von den Strömen droht. Odysseus hat sich am Mast festbinden lassen. Jacques wird sich festbinden. In einer häuslichen Umgebung wird er den Sirenen entgehen. Man kann sie ja so leicht erkennen. Wenn man fest entschlossen ist, ihnen nie wieder ein nachgiebiges Ohr zu leihen, kommt man rasch hinter die Gewöhnlichkeit ihres musikalischen Repertoires.

Was ist schon ein Diamant? Nichts als ein neureicher Sprößling einer Kohlenhändlerfamilie. Dem werden wir doch nicht unser Glück zum Opfer bringen. Weder das weiche Wasser der Ströme noch das harte Wasser der Diamanten sollen jemals wieder seine Tränen sehen.

So spielt Jacques mit Worten. Er glaubt, mit ihnen eine bestimmte Menschensorte zu umreißen und den Feind einzuschließen, ihn Aug in Auge anzublicken, dem Phantom Ketten anzulegen. Er beschließt, auf der Hut zu sein gegen eine Gefahr, die er zu kennen meint.

Die Worte Strom, Diamant, Glas, Sirene sind Negerfetische. Es wäre schon besser, eine genaue Personenbeschreibung zu besitzen. Aber welche? Ein wahres Ungeheuer hat viele Köpfe, vielerlei Köpfe, vor lauter Köpfen sieht man den Leib nicht mehr.

Jacques rekelt sich, sieht nach der Mutter und lächelt ihr zu. Gleich wird sie eine liebevolle Ungeschicklichkeit begehen und zugeben, daß sie eifersüchtig ist.

»Jacques«, sagt sie, »mein kleiner Jacques, du mußt dich nicht mehr wegen so eines schlechten Weibsbilds abquälen.«

Mit einem Schlag läßt Jacques alle seine guten Vorsätze fahren. Er rollt sich wie ein Igel zusammen. Madame Forestier setzt sich wieder hin. Jacques sucht auf dem Tisch nach einer Brieftasche, öffnet sie, zieht trotzig die Fotografie Germaines heraus. Er hat das Bild irgendeiner Schauspielerin vor sich. Er schließt die Augen. Beginnt das Spiel von vorn, das darin besteht, den verlorenen Einsatz fortwährend zu verdoppeln? Er spielt verbohrt weiter. Seine Mutter sagt, nachsichtig und um das Schweigen zu brechen:

»Denkst du noch an Idji d'Ybreo in Mürren?«

Sie zählt die Maschen . . .

»In der Zeitung steht, daß sie in Kairo gestorben ist.«

Diesmal läßt Madame Forestier ihr Strickzeug fahren. Jacques hat sich nach rückwärts fallen lassen. Tränen rollen ihm über die Backen, echte Tränen.

»Jacques . . . mein Engel . . .«, jammert die Mutter, »was hast du? Jacques!«

Sie umarmt ihn, hüllt ihn in ihren Schal. Er schluchzt stumm vor sich hin.

Er sieht vor sich ein Bett, daneben den Gott Anubis mit dem Hundekopf, der ein zusammengeschrumpftes Gesicht leckt, und dieses Gesicht ist totenkalt, sehr edel und vom Schmerz schon ganz in eine Mumie verwandelt.

EPILOG

Einen Monat danach fühlte sich Jacques kräftiger als vor seiner Erkrankung. Erzwungene Ruhe ist den Nervösen heilsam. Er mußte daran denken, sein Studium wieder aufzunehmen. Es wurde beschlossen, daß er mit seiner Mutter nach Paris zurückkehren und bei ihr wohnen werde. Man kam überein, einen Repetitor in den Haushalt aufzunehmen. Jacques hatte diese Lösung vorgeschlagen. Er fühlte sich noch zu sehr aus dem Gleichgewicht geworfen, um ohne Stütze leben zu können. Er wußte zwar, daß seine Mutter und er sich gegenseitig das Leben sauer machen würden. Aber ein ruhender Punkt für sein Bedürfnis nach Liebe und Verehrung würde ihm die geringste seiner Abweichungen anzeigen. Sein eigenes Wesen war nicht dazu geschaffen, um ihn zu warnen. Es gab zu leicht nach, schwankte, sprang ohne Erschütterung aus dem Gleis.

Monsieur Forestier brauchte kein Lot. Er überließ seine Frau dem Sohn. Er würde die beiden im Mai besuchen.

Am Morgen der Abfahrt bedauerte Jacques, nicht allein in Paris anzukommen. Er begriff zugleich, wie unentbehrlich ihm die Gegenwart der Mutter sein würde. Die Kehle war ihm zugeschnürt, er wagte nicht, sich unter die Menge zu mischen. Es fiel ihm schwer, zum Schwimmen ins Meer zu tauchen. Es erschien ihm von neuem kalt und stürmisch.

Madame Forestier ging voraus, um die Wohnung zu lüften, sich mit den Dienstboten abzugeben, Möbelhüllen und Kampfer zu entfernen. Jacques versprach, sie um sieben zum Abendessen abzuholen.

Die Straße versetzte seinen gesunden Körper in Erregung. Er sagte sich: Ich habe offene Augen, ich werde mir Paris ansehen, wie ich mir Venedig angesehen habe, ich brauche Erregungen, um aufzuwachen.

Bald darauf ließ er sich wieder träg dahintreiben, erdrückt von einem Chaos von Häusern, Wagen, Schildern, Bauzäunen, Kiosken, Pfeifsignalen, unterirdischem Grollen. Er dachte an die jungen Leute in Balzacs Romanen. Kaum sind sie in Paris angekommen, stehen sie schon mit einem Fuß auf der ersten Sprosse einer goldenen Leiter. Jacques fand kein Getriebe, in dessen Räderwerk er sich verzahnen könnte. So schwerelos Paris auch war, er schwamm schwer und schwerfällig obenauf. Er war wie das Öl auf dem Wasser. Ein Wrack. Er war sich selber zuwider.

In der Rue Réaumur hatte er einen Hauslehrer aufzusuchen, den man möglicherweise anstellen würde und den sein Vater kannte. Zum Glück war der Lehrer nicht zu Haus. Jacques ließ seine Karte da.

Als er gerade vor dem Postamt der Börse vorüberging, stieg ein Mann aus dem Kellergeschoß zur Straße hinauf. Jacques erkannte Osiris. Osiris, der aus einer Totenstadt unterm Tempel heraufkam, erschien ihm wie der Gott Osiris, der die Vergangenheit verkörpert. Jacques' Herz schlug zum Zerspringen. Er ging schneller.

»Hallo! Jacques! Jacques!«

Nestor hatte ihn erkannt, rief ihm nach. Unmöglich, das Weite zu suchen.

»Wohin rennen Sie denn? Das ist ja allerhand! Sie, Jacques! Auf alles andre wär ich gefaßt gewesen. Germaine hat mir gesagt, Ihre Familie hätte Sie auf dem Land eingesperrt. Unter uns gesagt, ich habe Sie für einen treulosen Burschen gehalten. Ich hab mich gefragt, was wir Ihnen eigentlich zuleid getan haben. Sie haben sich hinter unserem Rücken einfach aus dem Staub gemacht.«

Jacques stammelte, er sei sehr krank gewesen, komme gerade aus der Touraine und sei für einen Tag in Paris.

»Einen Tag nur? Dann laß ich Sie so schnell nicht wieder aus. Kommen Sie, trinken wir bei mir ein Glas Wermut.«

Das Büro der Gebrüder Osiris war nur ein paar Schritte entfernt, in der Rue de Richelieu. Nestor schloß auf, machte sich's bequem, und während er den Wermut und die Gläser aus dem Wandschrank holte, sah Jacques auf dem Kamin eine neuere Fotografie von Germaine. Seine Augen füllten sich mit Wasser.

»Gut sehen Sie aus«, sagte Nestor. »Noch ein bißchen blaß. Trinken Sie. Wermut ist das beste für die Drüsen. Rauchen Sie? Nein, ich rauche nicht mehr. Ich lebe diät. Schauen Sie sich meinen Bauch an.«

Er ließ sich in einen Klubsessel fallen, schlug die Beine übereinander, hielt den Fuß mit der linken Hand, sein Glas in der rechten.

»Jack! Verflixter Bursche! Germaine hat mir noch so oft einreden können, daß Ihre Familie Sie Hals über Kopf eingepackt und heimgeschickt hat – ich hab mich immer gefragt, ob Sie nicht beleidigt waren. Sie wissen doch, daß man bei Germaine nie weiß, was Spaß ist und was Ernst. Sie führt einen gern an der Nase herum. Sie wird sich riesig freuen, wenn ich ihr sage, daß ich Sie getroffen habe. Übrigens ... haben Sie schon von unsrer neuesten Liebschaft gehört? Vom großen Favoriten? Nein? Dann wissen Sie ja überhaupt nichts. Tausend gegen eins, Sie ahnen es nicht ... Majeddin! Ja, mein Lieber: Majeddin. Man schwört nur noch auf Majeddin. Majeddin ist ein Poet. Majeddin ist ein schöner Mann. Sie sehen, Germaine ist noch immer die gleiche.«

Jacques war nicht auf den Namen des Arabers gefaßt gewesen. Nestor prustete vor Vergnügen über seine Verblüffung. Er klatschte sich auf die Schenkel vor Freude.

»Die Geschmäcker ändern sich. Was habe ich nicht schon alles mit angesehen! Germaine raucht Ambrazigaretten, sie ißt Lukhum, sie brennt Räucherkerzen. Sie tut alles, was mir zuwider ist. Ich, ich bin der alte Schafskopf. Aber Majeddin hat immer recht. Wohlgemerkt, ich könnte ihr meinen ganzen Basar vermachen, sie würde ihn nicht um alles in der Welt haben wollen. So sind die Weiber. So ist Germaine. Aber wissen Sie, ich rede ihr nichts drein. Wir ändern sie auch nicht mehr.«

»Und Louise?«

»Louise? Germaine kommt nicht mehr mit ihr zusammen. Das ist wieder ein anderes Paar Stiefel. Stellen Sie sich vor, Majeddin hat überhaupt nicht mit Louise geschlafen. Pure platonische Liebe! Also, Germaine hat ihn ihr weggefischt und so weiter papperlapapp. Man hat ihr ihren Poeten entführt! Ich will Ihnen was sagen, ich bin nicht bös, daß sie nicht mehr mit Louise zusammenkommt. Vorher gab es übrigens noch ein anderes Kasperltheater. Denken Sie sich, vor Majeddin drehte sich alles um England. Wir haben Sport getrieben, wir haben Golf gespielt, wir sind geritten, wir haben Porridge gegessen, wir haben die *Times* gelesen. Es war zum Sterben vor Lachen. Und weil England an der Tagesordnung war, hat natürlich auch ein Engländer hergemußt. Also haben wir einen Engländer gehabt. Sehr angenehmer Bursche übrigens. Sie kennen ihn: Stopwell. Stopwell, der große Favorit, gleich nachdem Sie abgereist waren. Jacques empfiehlt sich, also brauchen wir was Neues. Haben Sie verstanden? Päng! England hat genau siebenunddreißig Tage gedauert. Eine Woche nach dem englischen Anfall hat sie Ihren Stopwell entdeckt.

Einen Monat danach kriegte ich die ersten anonymen Briefe. Germaine betrügt Sie... na, Sie kennen ja den Stil... sie hat eine Bude in der Rue Daubigny und so weiter. Na schön, meinetwegen, ich spiele mit. Nach der Jagd geh ich in die Rue Daubigny. Ich klingle. Man macht auf. Wissen Sie, wen ich da erwische? Stopwell und Louise. Jawoll. Der arme Stopwell ist rot geworden wie eine Tomate. Louise hat Tränen gelacht. Die Bude gehört ihr. Dort erholt sie sich von Seiner Hoheit, die incognito in Paris weilt. Da sehen Sie, wie die Lästermäuler sich erkundigen. Zu Hause hab ich dann nicht recht gewußt, ob ich's Germaine erzählen soll. Bei ihr weiß man nie, wie sie's nimmt. Diesmal hat sie's tragisch genommen. Sie hat gemeint, Stopwell sei noch ›unberührt‹. Sie hat geheult. Sie hat ihr Maskottchen verloren, ihr Spielzeug, ihr Steckenpferdchen, ihr Albion. Ich hab Stopwell noch so verteidigen können und sagen, daß das Fleisch schwach ist und daß Louise... ›Gib dir keine Mühe! Dieser Kerl ist ein falscher Fünfziger. Alle Männer sind Schweine‹ und so weiter und so weiter. Sie hat nicht gewollt, daß Stopwell noch einen Fuß ins Haus setzt. Sie hat getobt, ihr Haus wäre kein Tanzlokal und sie würde aufs Land ziehen und keinen Menschen mehr sehen wollen. Na, ich kann Ihnen sagen, ich hab was aufs Butterbrot bekommen.«

Jacques hörte sich das alles an und kam nicht aus der Verlegenheit heraus. Quintus Curtius berichtet, daß Alexander, als er mit den Barbaren zusammenkam, nach und nach alle ihre Schwächen angenommen habe. Jacques hatte sich durch das Zusammensein mit Germaine an ihre Kartenspielerkniffe gewöhnt, aber nun hatte er sie längst verlernt. Er war nicht mehr der Jacques der *»Reise um die*

Welt«. Er konnte es nicht mehr gelten lassen, mit so viel Blindheit geschlagen zu sein. Er ähnelte dem Detektiv, der den Räuber unterm Schnurrbart des Bankiers entdeckt und nach seinem Revolver tastet. Er fragte sich, ob sich Osiris nicht über ihn lustig machte, ob er wirklich nichts wußte, ob er nicht irgendeinen schlechten Streich vorhatte.

Nestor fuhr fort:

»Was wollen Sie, mein Guter, sie ist ein Teufel, ein richtiger Teufel. Ich hab sie gern, trotz allem. Und solange sie mich nicht betrügt, geht alles in Ordnung.«

Jacques verschüttete seinen Wermut über den Sessel.

»Macht nichts, macht nichts!« rief Osiris. »Sie braucht Abwechslung. Ich kann ihr dabei nicht helfen. Ich zahl ihr die Wohnung und die Garderobe, ich verhätschle sie. Aber ich habe meine Bank. Ich hab den Kopf voller Termine. Wenn ich ein Stopwell oder ein Majeddin wäre, würde ich noch in Ägypten sein und Esel hüten.«

Er stand auf. Er trommelte an die Fensterscheibe.

Durch diese Worte nahm Osiris in Jacques' Augen eine solche Größe an, daß Jacques ein paar Schritte zurücktrat, um ihn zu betrachten. Er fragte sich, ob er wirklich mehr von ihm erblicke als nur das Fundament. Es schien ihm, als lächle ein granitener Osiris, auf fünf Stockwerken aus Toten thronend, von einer unberechenbaren Höhe herab, von einem mit Zahlen bestirnten Himmel.

Osiris unterbrach das Schweigen.

»So ist es«, sagte er. »Nun wissen Sie ja Bescheid. Da haben Sie den vollständigen Rennbericht. Aber ich muß jetzt weg. Kommen Sie mit? Wohin gehen Sie? Ich bringe Sie mit dem Wagen hin.«

Nestor nahm seinen Mantel und den Zylinder. Nein. Jacques sah jetzt wieder den gutgläubigen Nestor vor sich.

Seine Hörner waren nicht die Hörner des stierköpfigen Gottes Apis.

Im Vorzimmer klebte ein Telefonist Marken auf Briefumschläge.

»Was machen Sie denn da, Jules?« fragte Osiris. »Sie kleben Marken zu fünfzig Centimes auf Stadtbriefe?«

»Ich hab gerade keine anderen zur Hand, Herr Osiris, und ich hab geglaubt...«

»Sie haben falsch geglaubt. Sie sind entlassen.« Osiris hatte ein unerbittliches Gesicht. Der Angestellte verlor die Fassung.

»Kein Wort mehr«, schrie Osiris. »Melden Sie sich an der Kasse. Ich werfe Sie hinaus.«

Die Tür knallte ins Schloß.

Auf der Treppe dachte Jacques an das fassungslose Gesicht des entlassenen Angestellten. Unterm Torbogen war sein Entschluß gefaßt. Auf dem Gehsteig sagte er:

»Monsieur Osiris, es tut mir leid, ich hab in der Rue Réaumur zu tun. Aber tun Sie mir einen Gefallen. Es handelt sich um Jules. Er kostet Sie genau einen Franken. Sie sind im Unrecht. Warum setzen Sie ihn auf die Straße?«

»Warum?« Osiris dachte einen Augenblick nach.

»Warum? Sehen Sie: DAS, mein lieber Jacques, DAS kann ich vermeiden.«

Dann wurde sein Blick wieder freundlich, zum Abschied. Der Wagen fuhr davon.

Als Jacques über den Börsenplatz ging, klang noch das großgeschriebene DAS in seinen Ohren. Er spürte noch, wie der Orientale, als er sein DAS ausstieß, nach Jacques' Mantelaufschlag griff und daran zog, als zöge er Jacques an den Ohren.

Der ganze Satz des Ägypters erschien ihm jetzt voller Anspielungen, hochmütig, geheimnisvoll wie das Lächeln des Kolosses.

Der Satz hatte ohne Zweifel nur einen finanziellen Sinn, war nur ein Beispiel für die wirksame Methode von Osiris und seinesgleichen, die fähig sind, ohne Wimperzucken die schwersten Verluste hinzunehmen, vorausgesetzt daß sie unvermeidbar sind. Aber Jacques spann seine Gedanken weiter.

Auf diesen Satz hin beschloß er, koste es, was es wolle, sich einen Charakter zu formen, sich mit beiden Füßen auf die Erde zu stellen, sich eine Uniform anzulegen.

»Ich bin mit mir selber nicht im reinen«, so dachte er, »und DAS kann ich vermeiden. Den Rest empfehl ich Gott.«

Als er zum viertenmal um die Börse herumgegangen war, sah er durchs Gitter den Ex-Angestellten Osiris'. Jules war ausgelassen wie ein Schuljunge. Er spielte Barlauf mit den Radlern der Havas-Agentur.

»Komisches Land«, murmelte Jacques.

Genau dasselbe würde ein Engel sagen, der die Erde besucht und seine Flügel unter dem Kittel eines durch die Straßen ziehenden Glasers verbirgt.

Jacques fuhr fort:

»Unter welchem Gewand werde ich aber mein zu schweres Herz verstecken können? Es wird immer wieder zum Vorschein kommen.«

Jacques fühlte, wie ihn das Dunkel wieder einschloß. Er wußte recht gut, daß man, um auf Erden zu leben, den Moden folgen muß, und daß es nicht mehr Mode war, Herz zu haben.

DAS WEISSBUCH

Aus dem Französischen übersetzt
von Karsten Witte

Wir veröffentlichen dieses Werk,
weil es bei weitem mehr Talent als Indezenz beweist
und weil in ihm eine Moral steckt, die jedem ehrlichen Mann
verbietet, es der Unzahl anstößiger Bücher zuzuschlagen.
Es wurde uns ohne Name und Anschrift eingesandt.

So weit ich zurückdenken kann, ja selbst im Alter, wo der Geist noch nicht die Sinne lenkt, stoße ich auf Spuren meiner Liebe zu jungen Männern.

Ich habe immer das starke Geschlecht geliebt und finde es rechtens, hier vom schönen Geschlecht zu reden. Mein Unglück ist der Gesellschaft anzulasten, die das Ungewöhnliche wie ein Verbrechen verdammt und uns auferlegt, unsere Neigungen dem Gewöhnlichen anzupassen.

Mir kommen drei prägende Begebenheiten in Erinnerung. Mein Vater bewohnte ein Schlößchen in der Nähe von S. Zu diesem Anwesen zählte ein Park. Im Innern des Parks gab es einen Stall und eine Tränke, die nicht zum Schloß gehörten. Nutzung und freien Zugang überließ mein Vater einem Pächter, der uns dafür jeden Morgen Milch, Käse und Eier brachte.

Eines Morgens im August streifte ich durch den Park, die patronengeladene Flinte geschultert und spielte mich hinter eine Hecke geduckt als Jäger auf, als ich das Nahen eines Tieres witterte und aus meinem Versteck den jungen Knecht erblickte, der einen Ackergaul zum Baden führte. Da er im Wasser waten würde und wußte, daß sich im Parkinneren niemand herumtrieb, ritt er splitternackt und brachte das schnaubende Pferd nur wenige Meter vor mir zum Halt. Sein Gesicht und Hals, seine Arme und Füße, von der Sonne verbrannt, stachen gegen die weiße Haut ab, was mich an Roßkastanien erinnerte, wie sie in der Schale schimmern. Aber nicht bloß diese dunklen Stellen waren es. Eine andere Stelle zog meine Blicke an, in deren Mitte ein Rätsel sich in allen Einzelheiten offenbarte.

Mir verging Hören und Sehen. Mein Gesicht lief tiefrot an. Die Knie wurden mir weich. Das Herz schlug mir, wie einem Mörder, bis in den Hals. Ich weiß nicht mehr wie, aber ich verdrehte die Augen und verlor das Bewußtsein. Vier Stunden sollte es dauern, bevor man mich fand. Als ich wieder auf den Beinen stand, riet mein Instinkt mir davon ab, den Grund für meinen Schwächeanfall anzugeben und auf die Gefahr hin, lächerlich zu wirken, erzählte ich, daß ein Hase, der einen Stein ins Rollen brachte, mich erschreckt hätte.

Das zweite Mal war im Jahr darauf. Mein Vater hatte fahrendem Volk gestattet, seine Zelte in jener Ecke des Parks aufzuschlagen, wo ich einst ohnmächtig wurde. Mein Kinderfräulein führte mich aus. Plötzlich riß sie mich an sich, schrie auf und verbot mir, mich umzusehen. Drückende Hitze lag in der Luft. Zwei junge Zigeuner hatten sich entkleidet und stiegen in die Bäume. Ein Schauspiel, das mein Fräulein kopfscheu machte und mein Ungehorsam unvergeßlich festhielt. Bis in alle Ewigkeit werden mir, dank dieses überstürzten Schreis und Schritts, der Kochtopf, die Frau, die ihr Neugeborenes wiegt, Rauch und Feuer, der weidende Schimmel und in den Bäumen zwei Bronzekörper mit ihren tiefschwarzen Stellen vor Augen stehen.

Beim letzten Mal ging es, wenn ich mich nicht irre, um einen jungen Hausangestellten namens Gustave. Es fiel ihm schwer, bei Tisch sein Lachen zu beherrschen. Dieses Lachen entzückte mich. Da mich die Erinnerungen an den jungen Knecht und die Zigeuner nicht loslassen wollten, wurde mein Wunsch immer lebhafter, das, was mein Auge erfaßt hatte, auch mit der Hand zu berühren.

Mein Vorgehen war mehr als naiv. Ich wollte eine Frau zeichnen, Gustave das Blatt vorlegen, ihn zum Lachen bringen, ihn dazu aufstacheln, mich das Geheimnis berühren zu lassen, das ich mir, wenn er bei Tisch bediente, unter einer vielsagenden Wölbung seiner Hose ausmalte. Nie hatte ich eine Frau im Hemd gesehen, mein Kinderfräulein ausgenommen, und ich glaubte, daß die Künstler für die Frauen harte Brüste erfanden, wo sie in Wirklichkeit doch schlaff waren. Meine Zeichnung war realistisch. Gustave lachte laut auf, fragte mich nach meinem Modell, während ich, als er sich auf die Schenkel schlug, mit einer undenkbaren Frechheit auf mein Ziel zuging, er mich rot angelaufen zurückstieß, mir ins Ohr kniff, behauptete, ich hätte ihn gekitzelt und starr vor Angst, das könne ihn seine Stellung kosten, mich zur Tür geleitete.

Wenige Tage darauf entwendete er Wein. Mein Vater entließ ihn auf der Stelle. Ich setzte mich für ihn ein, ich weinte, alles umsonst. Ich begleitete Gustave zum Bahnhof, in seinem Gepäck befand sich ein Wurfspiel, das ich für seinen kleinen Sohn als Geschenk dachte, dessen Fotografie er mir oft gezeigt hatte.

Meine Mutter starb, als ich zur Welt kam und ich habe kein anderes Gegenüber als meinen Vater erlebt, der ebenso traurig wie charmant war. Seine Traurigkeit lag länger zurück als der Verlust seiner Frau. Noch in seinem Glück war er traurig und daher schrieb ich seiner Traurigkeit tiefere Wurzeln als seiner Trauer zu.

Ein Päderast erkennt den Päderasten wie ein Jude den Juden. Er spürt ihn noch unter der Maske und ich traue mir zu, ihn zwischen den Zeilen der unschuldigsten Bücher aufzuspüren. Diese Leidenschaft ist weniger simpel, als die Moralisten es vermuten. Denn wie es päderastische Frauen gibt, die dem Anschein nach lesbisch sind, aber auf Männerfang aus sind wie Männer, gibt es Päderasten, die ahnungslos bis an ihr Lebensende sich im Unbehagen einrichten, das sie aus einer angegriffenen Gesundheit oder einem düsteren Charakter ableiten.

Ich war stets der Meinung, daß mein Vater in diesem springenden Punkt mir näher stand, als ihm lieb war. Zweifellos blieb ihm sein Hang verborgen und anstatt sich gehenzulassen, lud er sich neue Lasten auf, ohne zu ahnen, was sein Leben so beschwerte. Wäre er auf den Geschmack gekommen zu kosten, was er nie entfalten durfte, worauf ich erst durch vereinzelte Sätze, seine Haltung und tausend Einzelheiten über ihn aufmerksam wurde, so wäre er auf den Rücken gefallen. Zu seiner Zeit brachte man sich aus geringerem Anlaß um. Aber nein, er lebte, ohne sich seiner inne zu werden und trug seine Bürde.

Vielleicht habe ich dank seiner Selbstverblendung die Augen auf die Welt gerichtet. Es dauert mich für ihn, denn hätte mein Vater jene Freuden genossen, wäre mir viel Unglück erspart geblieben und wir beide wären auf unsere Kosten gekommen.

Ich trat ins Condorcet-Gymnasium als Tertianer ein. Hier trieb die Sinnlichkeit wilde Blüten. Löcher in den Hosentaschen, Flecken in den Taschentüchern, wo man hinsah. Besonders im Zeichenunterricht riß es die Schüler hin, wenn sie so taten, als säßen sie bloß hinter ihren Zeichenblöcken. Manchmal rief im gewöhnlichen Unterricht ein ironischer Lehrer einen Schüler auf und riß ihn brüsk vom Höhepunkt zurück. Der aufgerufene Schüler erhob sich, knallrot im Gesicht, stammelte einen halben Satz und versuchte, ein Wörterbuch in ein Feigenblatt zu verwandeln. Wer den Spott hatte, brauchte für die Scham nicht zu sorgen.

Der Klassenraum roch nach Gas, Kreide und Sperma. Dieses Gemisch ekelte mich an. Ich muß zugeben: was in den Augen aller Schüler als Laster galt, stellte für mich keines dar oder genauer gesagt, äffte bloß dürftig eine Ausdrucksform der Liebe nach, die ich aus Instinkt achtete, war ich doch der einzige, dem diese Umstände gegen den Strich gingen. Mir erwuchsen daraus ständige Hänseleien und Handgreiflichkeiten gegen das, was meine Kameraden für verschämt an mir hielten.

Aber Condorcet war keine Internatsschule. Diese Praktiken gingen nie in Verliebtheiten über und selten über ein verstohlenes Spiel hinaus.

Einer der Schüler namens Dargelos spielte gern sein Ansehen aus, das er einer weit über sein Alter entwickelten Männlichkeit verdankte. Er stellte sich schamlos zur Schau und schlug aus dem Theater, das er selbst Schülern außerhalb seiner Klasse bot, Gewinn, indem er seltene Briefmarken oder Tabak dafür eintauschte. Die Plätze in Reichweite seiner Bank waren Ehrenplätze. Mir kommt seine dunkle Haut in den Sinn. Wie er mit seinen zu kurzen Hosen und den über den Knöcheln aufgerollten Söckchen dasaß, ahnte man, wie stolz er auf seine Beine war. Wir alle trugen kurze Hosen, doch wegen seiner Männerbeine schienen die von Dargelos *nackt*. Sein offenes Hemd gab einen starken Hals frei. Eine mächtige Locke fiel in seine Stirn. Sein Gesicht mit den etwas dicken Lippen, leicht geschlitzten Augen und der ziemlich platten Nase entsprach bei weitem nicht den Zügen eines Typus, dem ich verfallen sollte. Die List der Fatalität, die sich vermummt, verschafft uns die Illusion, frei zu sein, wo wir ihr letzten Endes doch ins Garn gehen.

Die Nähe von Dargelos machte mich krank. Ich ging ihm aus dem Wege. Ich lauerte ihm auf. Ich malte mir ein Wunder aus, das sein Augenmerk auf mich lenken sollte, seinen Hochmut stolpern ließ, ihm die Absicht meiner Haltung enthüllte, die in seinen Augen als lächerliche Prüderie erscheinen mußte, tatsächlich aber nichts anderes war als das wahnsinnige Verlangen, ihm zu gefallen.

Mein Gefühl blieb im dunkeln. Es gelang mir nicht, darüber Klarheit zu gewinnen. Mal war ich betrübt, mal hingerissen. Sicher war ich mir nur darin, daß es mit dem meiner Kameraden in keiner Form vergleichbar war.

Eines Tages, als ich es nicht mehr ertragen konnte, vertraute ich mich einem Schüler an, dessen Familie mit meinem Vater bekannt war und den ich auch außerhalb des Condorcet-Gymnasiums traf. »Wie dumm du bist«, sagte er zu mir, »das ist doch einfach. Lad Dargelos für Sonntag ein, verzieh dich mit ihm hinter die Felsen und die Sache ist gelaufen.« Welche Sache? Hier ging es um mehr. Kleinlaut wandte ich ein, hier ginge es nicht um den schnellen Spaß wie im Klassenzimmer und versuchte vergeblich, meinem Wunschtraum durch die Sprache Form zu geben. Mein Kamerad zuckte mit den Schultern und sagte: »Was stellst du dich blöd an. Dargelos ist stärker als wir.« (Er drückte sich ein wenig anders aus.) »Wenn man ihm schmeichelt, dann klappts. Gefällst du ihm, brauchst du dich ihm bloß an den Hals zu schmeißen.«

Das Ungehobelte dieser Wendung entsetzte mich. Mir wurde bewußt, daß ich mich unmöglich verständlich machen konnte. Angenommen, dachte ich, Dargelos nimmt die Einladung an, was soll ich sagen, was tun? Ich hatte ja keine Lust, mich für fünf Minuten mit ihm zu amüsieren, sondern für immer mit ihm zu leben. Kurz, ich betete ihn an und ich gab mich damit ab, stumm zu leiden, denn ohne mein Leiden Liebe zu nennen, spürte ich wohl, daß es das Gegenteil des Handturnens im Klassenzimmer war und daß es darauf keine Antwort gab.

Dieses Abenteuer, nie begonnen, fand ein schnelles Ende.

Angetrieben durch den Schüler, dem ich mich eröffnet hatte, forderte ich Dargelos zu einem Rendezvous auf, nach der stillen Hausaufgabenstunde um fünf Uhr im leeren Klassenzimmer. Er kam. Ich hatte auf ein Wunder gehofft, das mir im entscheidenden Augenblick zu Hilfe käme. Mit ihm im Raum verlor ich den Kopf. Ich sah bloß noch seine kräftigen Beine und seine aufgeschlagenen Knie, ihr Wappen aus Schorf und Tinte.

»Was willst du?« fragte er mich und lächelte grausam. Mir schwante, was in seinem Kopf vorging, in seinen Augen konnte mein Ansinnen nicht eindeutiger sein. Ich griff etwas aus der Luft.

»Ich wollte dir sagen«, stammelte ich, »daß der Aufseher dich auf dem Kieker hat.«

Die Lüge war absurd, denn der Charme, den Dargelos ausstrahlte, hatte auch unsere Lehrer bestrickt.

Die Privilegien der Schönheit kennen keine Grenzen. Sie haben selbst über jene Macht, die sich um sie am wenigsten scheren.

Dargelos neigte den Kopf zu mir und schnitt ein Gesicht.

»Der Aufseher?«

»Ja«, trieb ich mein Spiel mit dem Entsetzen fort, »der Aufseher. Ich habe aufgeschnappt, wie er zum Direktor sagte: ›Dargelos ist aufgefallen. Er geht zu weit. Auf den hab ich ein Auge.‹«

»So, ich gehe zu weit«, sagte er, »na gut, mein Lieber, dem Aufseher werd ichs schon zeigen. Mit dem werd ichs selbst ausfechten und nun zu dir. Wenn du mich behelligst, um mir einen so blöden Bären aufzubinden, dann warne ich dich. Beim nächsten Versuch trete ich dir in den Arsch!«

Er verschwand.

Eine Woche lang schützte ich Magenkrämpfe vor, um nicht zur Schule gehen und Dargelos in die Augen sehen zu müssen. Als ich den Unterricht wieder aufnahm, erfuhr ich, daß er krank sei und das Bett hüte. Ich wagte nicht, mich nach ihm zu erkundigen. Gerüchte gingen um. Er war Pfadfinder. Die Rede ging von einem leichtsinnigen Bad in der vereisten Seine, einer Lungenentzündung. Eines Abends traf uns im Geografieunterricht die Nachricht von seinem Tod. Tränen zwangen mich, den Raum zu verlassen. Zartfühlend ist die Jugend nicht. Für viele Schüler bedeutete diese Mitteilung, zu der unser Lehrer sich erhob, bloß die stillschweigende Erlaubnis, nichts zu tun. Am nächsten Morgen hatte der Alltag die Trauer begraben.

Dennoch traf Eros der Todesstoß. Zu viele Lüste hatte die Erscheinung dieses Wundertiers geweckt, dessen Schönheit selbst den Tod nicht kaltgelassen hatte.

In der Sekunda hatte sich nach den Sommerferien an meinen Kameraden eine durchgreifende Veränderung vollzogen.

Sie waren im Stimmbruch, sie rauchten. Sie rasierten die ersten Schatten eines Bartes, sie gaben damit an, ohne Schulmütze auszugehen, Knickerbocker oder lange Hosen zu tragen. An die Stelle des Onanierens trat das Maulhuren. Postkarten gingen herum. Diese Jugendlichen richteten sich sämtlich auf die Frau aus wie Pflanzen zur Sonne. Um es den anderen gleich zu tun, begann ich, mein wahres Wesen zu verleugnen.

Ihr Sturm auf die Wahrheit war mein Sturz in die Lüge. Den Widerwillen, den ich dabei empfand, lastete ich meinem Unwissen an. Ich bewunderte ihren Leichtsinn. Ich zwang mich dazu, ihrem Beispiel zu folgen und mitzumachen, gleich, worauf ihre Begeisterung aus war. Immer mußte ich stärker sein als mein Schamgefühl. Diese Selbstzucht führte dazu, daß mir die Aufgabe leichter fiel. Überdies hielt ich mir ständig vor, daß die Ausschweifung für niemanden ein Kinderspiel war, daß die anderen aber eine größere Bereitschaft dazu mitbrachten als ich.

Sonntags, vorausgesetzt, es war schön, zog unsere Bande mit Tennisschlägern los und gab zu Hause an, in Auteuil ein Match zu spielen. Die Schläger gaben wir unterwegs beim Pförtner im Haus eines Mitschülers ab, dessen Familie in Marseille wohnte und machten uns dann eilig auf in Richtung der öffentlichen Häuser in der Rue de Provence. Vor der mit Leder beschlagenen Tür zeigten wir uns indessen so zimperlich, wie es unserem Alter eigentlich zustand. Zögernd gingen wir vor dieser Tür auf und ab wie Badegäste vor zu kaltem Wasser. Wir warfen eine Münze, Kopf oder Zahl, wer als erster reinginge. Ich starb fast vor Angst, daß mir das Los zufiel. Schließlich löste sich das Opfer von der Mauer, drängte vor und zog uns im Gefolge mit.

Nichts schüchtert mehr ein als Kinder und Huren. Zwischen ihnen und uns steht zuviel im Weg. Wie auch soll man das Schweigen brechen und mit ihnen eine Ebene finden. In der Rue de Provence war das einzige Terrain, auf dem man sich verstand, das Bett, auf dem ich mich zur Hure legte, und der Akt, den wir beide ohne die geringste Lust hinter uns brachten.

Diese Ausflüge hatten uns mutig gemacht, so daß wir es wagten, Frauen auf der Straße anzusprechen, wobei wir die Bekanntschaft eines kleinen Frauenzimmers machten, das sich Alice de Pibrac nannte. Sie unterhielt in der Rue La Bruyère ein bescheidenes Appartement, in dem es nach Kaffee roch. Wenn ich mich recht entsinne, empfing uns Alice de Pibrac zwar, gestattete uns aber nur, sie mit spekkigem Frisierumhang und ungepflegtem, schulterlangem Haar zu bewundern. Die ihnen auferlegte Zucht zerrte an den Nerven meiner Kameraden; mir gefiel sie sehr. Auf lange Sicht wurden sie der Spannung müde und folgten einer neuen Fährte. Wir sollten unser Taschengeld zusammenwerfen und am Sonntagvormittag im Eldorado Logenplätze kaufen, um den Sängerinnen Veilchensträuße zuzuwerfen und sie am Bühneneingang, wo es tödlich kalt war, abzupassen.

Wenn ich diese belanglosen Abenteuer erzähle, dann nur, um zu zeigen, welche Leere, welches Loch diese Sonntagsausflüge in uns zurückließen, die meine Kameraden zu meiner Überraschung die ganze Woche lang in allen Einzelheiten wiederkäuten.

Einer von ihnen kannte die Schauspielerin Berthe, die mich Jeanne vorstellte. Sie spielten Theater. Jeanne gefiel mir; ich trug Berthe auf, ihr Einverständnis zu erbitten, meine Mätresse zu werden. Berthe kam mit einer Absage zurück und verlangte von mir, meinen Kameraden mit ihr zu betrügen. Kurz darauf, als ich durch sie erfuhr, daß Jeanne sich über mein Schweigen beklage, suchte ich sie auf. Wir mußten entdecken, daß mein Antrag nie übermittelt worden war, und beschlossen, uns zu rächen, indem wir die Verblüffung, uns glücklich zu sehen, eigens für sie aufsparten.

Dieses Abenteuer grub sich mir, während ich sechzehn, siebzehn und achtzehn Jahre alt wurde, so tief ein, daß es mir heute noch unmöglich ist, Jeannes Namen in der Zeitung zu lesen oder ihr Bild auf einer Plakatwand zu sehen, ohne den Schock, der von ihr ausging, zu verspüren. Wie ist es bloß möglich, daß ich von dieser banalen Liebe dennoch nicht mehr erzählen kann, als daß sie sich darin erschöpfte, in Modesalons auf sie zu warten und im übrigen eine ziemlich heikle Rolle zu spielen, denn der Armenier, der für Jeanne aufkam, erwies mir seine Wertschätzung und zog mich in sein Vertrauen.

Im zweiten Jahr ging es mit den Szenen los. Nach der heftigsten, die um fünf Uhr nachmittags an der Place de la Concorde stattfand, ließ ich Jeanne auf einer Verkehrsinsel stehen und floh nach Hause. Mitten im Abendessen wollte ich schon mit einem Telefongespräch einlenken, als man mir eine Dame meldete, die unten im Wagen warte. Es war Jeanne. »Mir tut es nicht weh«, sagte sie mir, »mitten auf der Place de la Concorde stehen gelassen zu werden, aber du verkraftest es nicht, eine solche Szene wirklich durchzuspielen. Vor zwei Monaten noch wärst du wieder auf die Verkehrsinsel zurückgekommen, nachdem du den Platz überquert hattest. Bilde dir nicht ein, du hättest Charakter bewiesen, du hast bloß gezeigt, wie es um deine Liebe bestellt ist.« Diese gefährliche Analyse verschaffte mir Klarheit und erwies mir, daß es mit der Sklaverei zu Ende war.

Um meine Liebe wieder zu entfachen, reichte der Aufschluß, daß Jeanne mich betrog. Sie betrog mich mit Berthe. Dieser Umstand enthüllt mir heute das Fundament meiner Liebe. Jeanne war ein Knabe; sie liebte Frauen, ich hingegen liebte sie mit dem, was meine Natur an Weiblichem enthielt. Ich überraschte beide im Bett, ineinander verkrallt wie eine Krake. Anstatt loszuprügeln, flehte ich sie an. Sie machten sich lustig über mich, sie trösteten mich, und das war das klägliche Ende eines Abenteuers, das an sich selbst zugrunde ging und so verheerend auf mich wirkte, daß mein Vater aufgeschreckt aus seiner Reserve treten mußte, in der er mir gegenüber stets verharrte.

Als ich mich eines Nachts später als üblich auf dem Nachhauseweg befand, sprach mich an der Place de la Madeleine eine Frau mit sanfter Stimme an. Ich sah sie an, fand sie hinreißend, jung und frisch. Sie hieß Rose, wollte gern mit mir reden und so spazierten wir auf und ab bis zum

Morgengrauen, wenn die Gemüsehändler, über ihren Auslagen eingenickt, ihre Pferde frei durch das entvölkerte Paris laufen lassen.

Am nächsten Morgen brach ich in die Schweiz auf. Ich hinterließ Rose Name und Anschrift. Sie schickte mir Briefe auf kariertem Papier und legte das Rückporto ein. Ich antwortete ihr umstandslos. Bei der Rückkehr fand ich, glücklicher als Thomas De Quincey, Rose am gleichen Platz wieder, auf dem wir uns kennengelernt hatten. Sie bat mich, in ihr Hotel an der Place Pigalle zu kommen.

Das Hotel M. war finster. Das Treppenhaus stank nach Äther. Das ist das Schlafmittel der Huren, die ohne Beute heimkehren. Das Zimmer sah aus wie seit Ewigkeiten ungemacht. Rose rauchte im Bett. Ich komplimentierte ihr Aussehen. »Ungeschminkt darfst du mich nicht sehen«, sagte sie. »Ich habe keine Wimpern. Ich sehe aus wie ein russisches Häschen.« Ich wurde ihr Liebhaber. Sie wies das geringste Geschenk zurück. Nein, einmal nahm sie ein Kleid von mir an, unter dem Vorwand, es tauge sowieso nicht für ihr Busineß, es sei zu elegant und sie werde es im Schrank als Andenken aufheben.

Eines Sonntags klopfte es. Ich stand hastig auf. Rose bedeutete mir, Ruhe zu bewahren, es sei ihr Bruder, der entzückt wäre, mich kennenzulernen.

Dieser Bruder sah aus wie der junge Knecht und Gustave aus meiner Kindheit. Er war neunzehn Jahre alt und verschlagen durch und durch. Er hieß Alfred oder Alfredo und sprach ein befremdliches Französisch, aber seine Nationalität war mir egal. Er schien mir ein Bürger im Reich der Prostitution zu sein, das seinen eigenen Patriotismus und eine Sprache hat, die ihm geläufig war.

Wenn der Hang, der mich zu seiner Schwester führte, leicht anstieg, ist es nicht schwer zu raten, wie abschüssig

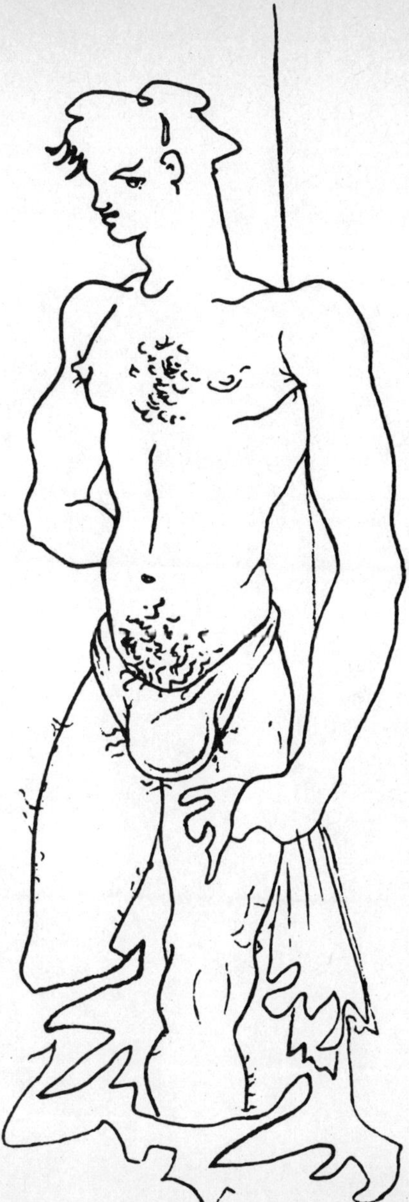

der Hang war, der mich zu ihrem Bruder trieb. Er war, wie man unter seinesgleichen sagt, auf dem laufenden, und unser Versteckspiel war so schnell nicht zu durchschauen, daß Rose davon erfahren hätte.

Alfreds Körper lag meinem Traumziel näher als alle jungen, gut gerüsteten Körper der Halbwüchsigen. Sein Körper war vollkommen, mit Muskeln bestückt wie ein Schiff mit Tauwerk; die Glieder schienen sternförmig von der schimmernden Mitte aus zu strahlen, in der sich, während Frauen zur Verstellung wie geschaffen sind, das einzige erhebt, was am Mann untrüglich ist.

Ich begriff, daß ich auf der falschen Fährte war. Ich schwor mir, nicht mehr den Kopf zu verlieren, fortan meinen eigenen Weg zu gehen, nicht länger mit dem Üblichen zu liebäugeln und eher dem Gesetz meiner Sinne als dem Rat der Moral zu folgen.

Alfred erwiderte meine Zärtlichkeiten. Er gab zu, nicht der Bruder von Rose zu sein. Er war ihr Zuhälter.

Rose spielte ihre Rolle weiter und wir die unsrige, Alfred zwinkerte mit den Augen, stieß mir in die Rippen und brach manchmal in irres Gelächter aus. Rose sah ihn erstaunt an, nicht ahnend, daß wir Komplizen waren und daß zwischen uns sich etwas anspann, das unsere Bande nur noch festigte.

Eines Tages trat der Zimmerkellner ein und sah, wie wir uns rechts und links von Rose wälzten. »Das sind sie, Jules«, rief sie ihm zu, während sie auf uns beide wies, »mein Bruder und mein Herzchen! Die sind für mich alles, was ich liebe.«

Die Lügen begannen, den faulen Alfred zu ermüden. Er gestand mir, daß sein Leben so nicht weitergehen, er nicht auf einem Bürgersteig arbeiten könne, während Rose gegenüber anschaffte und er sich auf dieses Geschäft unter freiem Himmel, wo die Käufer die Ware sind, nicht beschränken möchte. Kurz, er bestand darauf, daß ich ihm aus der Zwickmühle helfe.

Nichts lieber als das. Wir beschlossen, daß ich mir ein Hotelzimmer im Bezirk der Ternes nähme und auch Alfred dort unverzüglich einzöge, daß ich nach dem Abendessen die Nacht mit ihm verbringen und Rose gegenüber vorgeben würde, ich hätte ihn aus den Augen verloren und wolle ihn jetzt suchen gehen, was mir Spielraum gäbe und uns freie Bahn.

Ich zahlte das Zimmer, ließ Alfred einziehen und aß bei meinem Vater zu Abend. Nach dem Abendessen eilte ich ins Hotel. Alfred war ausgeflogen. Ich wartete auf ihn von abends neun bis ein Uhr morgens. Da Alfred nicht eintraf, kehrte ich geknickten Herzens heim.

Am nächsten Morgen ging ich gegen elf Uhr zur Rezeption. Alfred schlief in seinem Zimmer. Er wachte auf, fing an zu heulen und sagte, er hätte einfach in seine Gewohnheiten zurückfallen müssen, er könne ohne Rose nicht auskommen, er habe sie die ganze Nacht gesucht, zuerst in ihrem Hotel, wo sie nicht mehr wohnte, dann von Straße zu Straße, in jeder Kneipe im Faubourg Montmartre und in den Tanzdielen der Rue de Lappe.

»Klar«, sagte ich ihm, »Rose ist aufgeregt, sie ist außer sich. Sie wohnt bei einer Freundin in der Rue de Budapest.«

Er flehte mich an, ihn so schnell wie möglich dorthin zu führen.

Roses Zimmer im Hotel M. war, verglichen mit dem ihrer Freundin, ein Festsaal. Wir stritten herum in einer Atmosphäre, die zum Schneiden war und nach Schweiß, Wäsche und zweifelhaften Gefühlen roch. Die Frauen waren im Nachthemd. Alfred lag schluchzend vor Rose auf dem

Boden und küßte ihre Knie ab. Ich war blaß. Rose drängte ihr mit Schminke und Tränen verkleistertes Gesicht an meines heran. Sie streckte die Arme aus und rief mir zu: »Komm her, laß uns zur Place Pigalle zurück und zusammen leben. Ich bin sicher, das ist genau, was Alfred will. Nich, Alfred?«, setzte sie hinzu und zog ihn an den Haaren. Er brach sein Schweigen nicht.

Ich mußte meinen Vater nach Toulon begleiten, als dort die Hochzeit meiner Cousine, der Tocher des Vizeadmirals G. F., anstand. Die Zukunft schien mir nicht rosig. Ich setzte Rose von dieser Familienreise in Kenntnis und brachte sie und Alfred, der noch immer schwieg, im Hotel an der Place Pigalle vorbei und versprach ihnen, sie unmittelbar nach meiner Rückkehr aufzusuchen.

In Toulon entdeckte ich, daß Alfred mir ein Goldkettchen entwendet hatte, meinen Fetisch also. Den hatte ich ihm übers Handgelenk gestreift, diesen Umstand vergessen und er ließ es sich angelegen sein, mich daran nicht zu erinnern.

Als ich nach meiner Rückkehr stracks ins Hotel ging und das Zimmer der beiden betrat, warf sich mir Rose an den Hals. Es dämmerte. Im ersten Augenblick erkannte ich Alfred nicht wieder. Was hatte ihn so stark verändert?

Es wimmelte von Polizei auf dem Montmartre. Alfred und Rose waren wegen ihrer ungeklärten Nationalität alarmiert. Sie hatten sich gefälschte Pässe verschafft, wollten überstürzt das Weite suchen, und Alfred, von Räuberpistolen im Kino verführt, hatte sich die Haare färben lassen. Unter diesem eingeschwärzten Lockenkopf stach sein kleines, helles Gesicht mit anthropometrischer Präzision ab. Ich forderte meine Kette zurück. Er leugnete. Rose verriet ihn. Er tobte, fluchte, bedrohte sie, bedrohte mich und zog eine Waffe.

Ich stürzte nach draußen und nahm vier Stufen auf einen Satz, um Alfred abzuschütteln.

Auf der Straße rief ich laut ein Taxi herbei. Ich warf dem Fahrer meine Adresse zu, stieg rasch ein, und als das Taxi anfuhr, drehte ich mich noch einmal um.

Alfred stand regungslos vor der Hoteltür. Dicke Tränen kullerten über seine Wangen. Er streckte seine Arme aus, er rief mich. Unter den schlecht gefärbten Haaren sah seine Blässe erbärmlich aus.

Fast überkam es mich, an die Trennscheibe zu pochen und den Fahrer anhalten zu lassen. Ich konnte mich, angesichts dieses einsam Gestrandeten, nicht dazu durchringen, kleinlaut ins gemachte Bett zurückzuschleichen, denn mir standen die Kette, die Waffe, die gefälschten Pässe vor Augen, die Flucht, wobei Rose darauf bestand, ich solle mit. Ich schloß die Augen. Und noch heute genügt es, daß ich in einem Taxi die Augen schließe und den Schattenriß des kleinen Alfred sehe, die Tränen und seinen Ganovenhaarschnitt.

Da der Admiral erkrankte und meine Cousine auf Hochzeitsreise war, mußte ich nach Toulon zurück. Es wäre müßig, dies charmante Sodom zu schildern, wo das Sonnenfeuer, das am Himmel strahlt, niemanden straft, sondern jeden angenehm berührt. Am Abend lockern sich die Zügel in der Stadt noch lässiger, und wie in Neapel, wie in Venedig schlendert die Menge wie zum Volksfest über die brunnenverzierten Plätze an Talmiläden, Waffenhändlern und Straßenverkäufern vorbei. Aus allen Ecken der Welt strömen in die Schönheit der Männer verliebte Männer herbei, um die Matrosen anzuhimmeln, die allein oder gruppenweise flanieren, die ihnen geltenden Blicke mit einem Lachen auffangen und kein Liebesangebot ausschlagen. Das Salz der Nacht verwandelt den brutalsten Sträfling, den eckigsten Bretonen und den wildesten Korsen in eine aufgedonnerte Dame, die sich dekolletiert, die Beine zeigt, Blumen ins Haar steckt, ungestüm tanzt und ihren Tänzer, ohne mit der Wimper zu zucken, in ein schäbiges Hafenhotel schleppt.

Eines dieser Tanzcafés wird von einem ehemaligen Kabarettsänger geführt, der über eine Frauenstimme verfügt und einst als Transvestit auftrat. Jetzt hat er die Brust marineblau beflaggt und wedelt mit den Ringen. Flankiert von Kolossen mit roten Bommelmützen, die ihm die Stiefel lecken und die er schikaniert, notiert er in ungelenker Kinderschrift und hechelnd die Bestellungen, die seine Frau ihm barsch und knapp zuruft.

Als ich eines Abends die Tür aufstieß zum Laden dieses wunderlichen Wesens, das seine Frau und seine Männer mit Ehrerbietung abschirmen, blieb ich wie angewurzelt stehen. Schlagartig stand mir im Profil, gegen das elektrische Klavier gelehnt, ein Gespenst vor Augen, Dargelos. Dargelos als Matrose.

Mit Dargelos hatte dieser Doppelgänger besonders den Hochmut, die freche und lässige Art gemein. In Goldbuchstaben stand *Ruhestörer* auf seiner Mütze geschrieben, die ihm bis auf die linke Augenbraue vorgerutscht war, um den Hals hatte er ein schwarzes Tuch geschlungen, und er trug eine dieser Klapphosen, die es den Matrosen früher ermöglichte, sie bis zum Oberschenkel aufzuknöpfen, und die nach heutigem Reglement nicht mehr zugelassen sind, weil sie angeblich typisch für Zuhälter seien.

An keinem anderen Ort hätte ich es gewagt, mich diesem herablassenden Blick auszusetzen. Aber Toulon ist

Toulon; der Tanz erspart einem das leidige Vorspiel, läßt Unbekannte einander in die Arme laufen und führt ohne Umschweife zum Ziel.

Zu einer schmalzigen und schmachtenden Musik tanzten wir Walzer. Die Körper kommen in Schwung, verlöten am Kolben, in schweren Gesichtern senken sich Blicke, sie geben sich nicht so schnell wie die Füße, die mal tänzeln und mal bleiern wie ein Huf auf der Stelle treten. Die Hände, die frei sind, befinden sich in der hübschen Lage, die es Männern ermöglicht, gleichzeitig das Glas und den Hahn zu halten. Ein Rausch fährt in die Körper wie der Frühling. Er treibt Blüten, bricht durch Krusten, mischt die Säfte und schon zieht ein Paar ab in die Zimmer, unter Glocken aus Glas und Daunen.

Einmal des Beiwerks entkleidet, das einen Zivilen einschüchtert, und des Getues, das Matrosen an sich haben, um sich Mut zu machen, wurde der *Ruhestörer* zahm und zutraulich. Ihm war das Nasenbein in einer Prügelei mit einer Karaffe zerschlagen worden. Mit einer geraden Nase wäre er mir fade vorgekommen. Dieser Karaffenschlag war der I-Punkt auf dem Meisterwerk.

Auf seinem nackten Oberkörper hatte dieser Junge, der für mich das Glück bedeutete, in blauen Druckbuchstaben KEINGLÜCK eintätowiert. Er erzählte mir seine Geschichte. Sie war kurz. Diese niederschmetternde Tätowierung sagte alles. Man hatte ihn aus dem Gefängnis der Kriegsmarine entlassen. Nach der Meuterei auf der *Ernest Renan* hatte man ihn irrtümlich für einen seiner Kollegen gehalten; daher der kahlrasierte Schädel, was er beklagte, der ihm aber bestens stand. »Ich hab kein Glück«, sagte er immer wieder und schüttelte den kleinen kahlen Kopf antiken Zuschnitts, »und werds nie haben.«

Ich legte ihm meine Fetischkette um den Hals. »Das ist kein Geschenk«, sagte ich ihm, »das bewahrt keinen von uns vor Unglück, aber behalte sie für heute nacht.« Dann strich ich mit meinem Füllfederhalter die verhängnisvolle Tätowierung aus. Ich zeichnete einen Stern und ein Herz darunter. Er lächelte. Er begriff, eher mit der Haut als dem Rest, daß er sich in Sicherheit befand und daß unser Zusammensein anders war als er es gewohnt war, kein hastiges Zusammenkommen, das bloß den Egoismus befriedigt.

Kein Glück? Undenkbar! Bei diesem Mund, diesen Zähnen, diesen Augen, diesem Bauch, diesen Schultern, diesen stählernen Muskeln, diesen Beinen da? Kein Glück? Bei diesem kleinen fabelhaften, seetüchtigen Stengel, der leblos, runzlig, auf Moos gestrandet daliegt, der sich strafft, der wächst, der steht und seinen Saft verspritzt, wenn er sein Liebesziel gefunden hat. Genug der Schwärmerei, und um mich davon zu befreien, glitt ich zum Schein in den Schlaf.

KEINGLÜCK blieb still neben mir liegen. Ich fühlte, wie er Zug um Zug ein schwieriges Manöver unternahm, um seinen Arm, auf dem mein Unterarm ruhte, frei zu bekommen. Keine Sekunde dachte ich daran, daß er eine krumme Tour versuchte. Das hätte bedeutet, die Ehre der Flotte in den Wind zu schlagen. »Immer vorschriftsmäßig und korrekt«, hieß jedes dritte Wort bei den Matrosen.

Ich hatte die Augen einen Spaltbreit offen gelassen und beobachtete ihn. Zuerst wog er mehrfach die Kette in der Hand, küßte sie und rieb sie gegen seine Tätowierung. Dann erkundete er mit dem Zeitlupentempo eines Falschspielers, wie tief ich schliefe, er hustete, berührte mich, achtete auf meine Atmung, legte sein Gesicht in meine rechte, weit geöffnete Hand, die neben seiner lag, und barg sanft seine Wange darin.

Ich wurde zum indiskreten Zeugen, wie dieses vom Pech verfolgte Kind versuchte, eine Boje auf hoher See zu ergattern, und ich mußte mich zusammenreißen, um nicht den Kopf zu verlieren, ein jähes Erwachen vorzuschützen und mein Leben zu ruinieren.

Bei Morgengrauen verließ ich ihn. Ich vermied es, ihm in die Augen zu sehen, die voller Hoffnung standen, die er fühlte und nicht ausdrücken konnte. Er gab mir meine Kette zurück. Ich umarmte ihn, ich stieß ab und löschte das Licht.

Ich mußte wieder in mein Hotel und unten auf einer Schiefertafel unter unzähligen anderen Weckaufträgen die Uhrzeit (fünf Uhr) notieren, zu der Matrosen aufstehen. Als ich zur Kreide griff, bemerkte ich, daß ich meine Handschuhe vergessen hatte. Ich ging zurück. Das Oberlicht war an. Also hatte jemand die Lampe wieder angedreht. Ich mußte einfach einen Blick durchs Schlüsselloch werfen, dessen schweifende Linien einen kleinen kahlrasierten Schädel rahmten.

KEINGLÜCK barg sein Gesicht in meinen Handschuhen und weinte bitterlich.

Zehn Minuten lang verharrte ich vor dieser Tür. Ich wollte schon öffnen, als sich das Gesicht von Alfred haargenau mit dem von KEINGLÜCK überblendete. Ich schlich auf Zehenspitzen die Treppe hinab, rief nach dem Pförtner und schlug das Tor hinter mir zu. Draußen war nichts als das eintönige Fallen einer Fontäne auf dem leeren Platz zu vernehmen. »Nein«, dachte ich, »wir sind nicht vom gleichen Stamm. Schön und gut, die Regung einer Blume, eines Baumes, eines wilden Tieres zu spüren. Aber damit leben, nein.«

Der Tag brach an. Hähne krähten am Meer. An der tiefen Kühle spürte man, wie nah es war. Ein Mann, der ein

Jagdgewehr geschultert hatte, bog in die Straße ein. Ich kehrte in mein Hotel zurück und schleppte schwer an meiner Last.

Angewidert von den Verwirrungen des Herzens und unfähig, sie aufzufangen, ließ ich mich gehen und hängen. Ich wollte zur Abwechslung mein Heil im verborgenen suchen. Ich fand es in einem beliebten Bad. Hier stand einem das Satyricon vor Augen, bei den kleinen Kabinen, dem Hof im Mittelpunkt, dem tiefgelegenen Raum mit türkischen Diwans, auf denen junge Männer ausgestreckt Karten spielten. Auf einen Wink des Chefs erhoben sie sich und bauten sich vor der Wand auf. Der Chef umspannte ihren Bizeps, betatschte ihre Schenkel, stellte ihre intimen Reize zur Schau und nannte wie ein Händler bei der Ware ihren Preis.

Die Kundschaft kannte ihre Vorlieben und nahm sie diskret und rasch wahr. Ich mußte diesen jungen Leuten, die es gewohnt waren, daß man ihnen präzise Wünsche abverlangte, ein Rätsel sein. Sie sahen mich an und verstanden nichts, denn ich rede lieber, statt zur Sache zu kommen, um sie herum.

Herz und Sinne bilden in mir ein solches Gemisch, daß es mir schwerfällt, sie vereinzelt abzurufen, ohne daß eines das andere mitzieht. Das treibt mich dazu, die Grenzen der Freundschaft zu überschreiten und Angst vor flüchtigen Kontakten zu haben, wobei ich, krank vor Liebe, riskiere, den kürzeren zu ziehen. Schließlich kommt es dazu, daß ich jene beneide, die nicht sehnsüchtig von Schönheit schwärmen, die wissen, was sie wollen, die ein Laster vervollkommnen, zahlen und es befriedigen.

Einer verlangte, daß man ihn anschnauzt, ein anderer wollte angekettet werden, ein dritter (ein Moralist) konnte erst dann zu seinem Höhepunkt kommen, wenn ein Herkules ihm das Schauspiel bot, eine Ratte mit einer glühendheißen Nadel zu töten.

Wie viele Eingeweihte habe ich schon kommen und gehen sehen, die das Rezept ihrer Lust genau kennen und deren Existenz dadurch überschaubar wird, daß sie sich an festen Tagen und zu festen Preisen eine anständige und bürgerliche Komplikation leisten! Meistens waren es reiche Industrielle aus dem Norden des Landes, die hierher kamen, um über die Stränge zu schlagen und dann wieder zu Frau und Kind zurückzukehren.

Schließlich schränkte ich meine Besuche ein. Mein Kommen wurde schon suspekt. In Frankreich erträgt man eine Rolle, die nicht aus einem Guß ist, schlecht. Der Geizige muß ewig den Geizigen spielen, der Eifersüchtige stets den Eifersüchtigen. Darauf beruht der Erfolg von Molière. Der Chef des Bades hielt mich für einen Spitzel der Polizei. Er gab mir zu verstehen, entweder sei man Kunde oder Ware. Beides zusammen ginge nicht.

Diese Warnung scheuchte mich aus meiner Trägheit hoch und zwang mich dazu, unwürdige Gewohnheiten aufzustecken, zu denen die Erinnerung an Alfred gehörte, die mit all den Gesichtern dieser jungen Bäcker, Schlachter, Radsportler, Telegrammboten, Buntröcke, Matrosen, Akrobaten und anderen Berufstransvestiten auflebte.

Das einzige, was mir wirklich fehlte, war der durchsichtige Spiegel. Man schließt sich in einer dunklen Kabine ein und zieht eine Klappe. Diese Klappe gibt den Blick auf eine silberne Scheibe frei, durch die hindurch das Auge auf ein kleines Badezimmer stößt. Von der anderen Seite war diese Scheibe ein so glänzend glatter Spiegel, daß man unmöglich ahnen konnte, wieviele Blicke an ihm hängen blieben.

Soweit es mir meine Mittel erlaubten, richtete ich mich dort am Sonntag ein. Von den zwölf Spiegeln der zwölf Badezimmer war dies der einzige seiner Art. Der Chef hatte viel Geld dafür bezahlt und ihn aus Deutschland kommen lassen. Sein Personal wußte nichts von diesem Guckloch. Die Arbeiterjugend gab das Schauspiel ab.

Alle gingen nach dem gleichen Programm vor. Sie zogen sich aus und hängten die neuen Anzüge auf den Bügel. Ohne ihren Sonntagsstaat konnte man, aufgrund der reizenden Gebrechen, die der Beruf bedingt, ihre Tätigkeit erschließen. Sie standen in der Badewanne, betrachteten sich (betrachteten mich) und schnitten wie Pariser Jungen eine Fratze, die die Zähne zeigt. Dann strichen sie sich über die Schulter, griffen zur Seife und schäumten sie auf. Das Einseifen ging in Liebkosen über. Plötzlich verdrehten sie die Augen, warfen den Kopf in den Nacken und ihre Körper zuckten und spuckten wie ein Drache.

Einige ließen sich ausgepumpt ins dampfende Wasser gleiten, andere nahmen die Handarbeit wieder auf; die Jüngsten erkannte man daran, daß sie aus der Wanne stiegen und den Saft von den Fliesen wischten, den ihr aufgedrehter Hahn, ebenso weit wie blind aus Liebe, verspritzt hatte.

Einmal hatte ein Narziß Lust auf sich, legte seine Lippen an den Spiegel, sog sich fest und trieb sein selbstgefälliges Abenteuer bis zum Äußersten. Unsichtbar wie ein griechischer Gott drückte ich meine Lippen gegen seine und trieb es wie er. Er hat nie erfahren, daß der Spiegel, anstatt ein Bild von ihm zu machen, es ihm stahl, daß er lebend, liebend handelte.

Zum Glück eröffnete sich mir ein neues Leben. Das alte ließ ich wie einen schlechten Traum zurück. Ich war ins

Schleudern geraten, einem unguten Treiben verfallen, was für die Liebe zu Männern das bedeutet, was die Absteigen und Straßenbekanntschaften für die Liebe zu Frauen sind.

Ich lernte den Abbé X. kennen und bewundern. Seine Leichtigkeit wirkte Wunder. Wo er hinkam, machte er die schweren Dinge leicht. Er wußte nichts von meinem Privatleben, begriff aber, daß ich unglücklich war. Er sprach mit mir, stärkte mich und verschaffte mir Zugang zu hochgestellten Vertretern der katholischen Intelligenz.

Ich bin immer gläubig gewesen. Mein Glauben war konfus. Durch den Umgang mit diesen Menschen reinen Herzens, indem ich solchen Frieden auf ihren Gesichtern las und die Torheit der Gottlosen begriff, gelangte ich auf den Weg zu Gott. Gewiß, mit dem Dogma war meine Entscheidung, die Sinne schweifen zu lassen, schlecht in Einklang zu bringen, aber diese letzten Monate ließen eine Bitterkeit und einen Überdruß in mir zurück, daß ich die Beweise, auf dem Holzweg zu sein, zu rasch erbringen wollte. Viel Wasser und viel Milch nach so schädlichen Getränken, und ich sah eine durchsichtige und helle Zukunft vor mir. Kamen Skrupel in mir hoch, verjagte ich sie durch die Erinnerung an Jeanne und Rose. Normal zu lieben, so dachte ich, kann mir niemand verbieten. Nichts hindert mich daran, eine Familie zu gründen und wieder auf den rechten Weg zu kommen. Kurz, ich lasse, weil ich die Mühe scheue, von meinem Hang ab. Ohne Herausforderung kann nichts Schönes existieren. Ich werde den Kampf mit dem Teufel aufnehmen und daraus als Sieger hervorgehen.

Was für eine göttliche Zeit im Schoß der Kirche! Ich kam mir vor wie der Adoptivsohn einer tief verwurzelten Familie. Meßbrot und Weihrauch verwandeln alle Erdenschwere in luftigen Schnee. Ich trieb in den Himmel wie ein Korken auf dem Wasser. Jedesmal wenn sich zur Messe vor dem Opferstern, der den Altar überragt, die Köpfe senkten, betete ich mit Inbrunst zur Jungfrau, sie möge mich in ihre heilige Obhut nehmen. »Sei gegrüßt, Maria«, flüsterte ich, »du bist die Reinheit selbst. Darf man bei Dir überhaupt an Bevorzugung oder Hintansetzung denken? Was die Menschen für unanständig halten, erachte es nicht, wie wir es sehen, als verliebten Austausch von Pollen und Atomen! Ich werde den Befehlen der irdischen Minister Deines Sohnes folgen, ich weiß aber auch, daß Seine Güte durch die Schikanen eines Pater Sinistrarius und die Paragraphen eines veralteten Strafgesetzbuches nicht einzuengen ist. Amen.«

Nach einer religiösen Krise holt die Seele Luft. Das ist der Augenblick, auf den es ankommt. Ein Mensch entledigt sich seiner alten Haut nicht so mühelos wie die Natter, die ihr leichtes Kleid an wilden Rosen abstreift. Erst schlägt die Verliebtheit ein; folgen Verlobung mit dem Geliebten Herrn, die Hochzeit und eheliche Pflichten.

Am Anfang vollzieht sich alles in Ekstase. Ein wunderbarer Eifer bemächtigt sich des Neophyten. Ist er erst abgekühlt, fällt das Aufstehen und der Kirchgang schwer. Das Fasten, Beten, Predigen stiehlt uns die Zeit. Der Teufel, der zur Tür rausrannte, fliegt als Sonnenstrahl zum Fenster wieder herein.

In Paris sein Heil zu finden, ist undenkbar; die Seele wird zu stark abgelenkt. Ich beschloß, ans Meer zu fahren. Dort würde ich meine Tage zwischen der Kirche und einer Barke teilen. Ich nahm mir vor, jeder Zerstreuung ledig, auf dem Wasser zu beten.

Ich nahm ein Hotelzimmer in T.

Vom ersten Tag an verführte die Hitze dazu, sich gehenzulassen und sich frei zu machen. Um zur Kirche zu gelangen, mußte man durch stinkende Straßen und über Stufen steigen. Die Kirche dort war gottverlassen. Die Sünder suchten sie nicht auf. Ich bewunderte die Erfolglosigkeit, die Gott hatte; die Erfolglosigkeit der Meisterwerke. Was nichts darüber aussagt, ob sie berühmt oder gefürchtet sind.

Herrgott, ich kann es nicht verschweigen, diese Leere wirkte auch auf mich. Ich hielt mich lieber auf meiner Barke auf. Ich ruderte so weit wie möglich hinaus, um dann die Riemen einzuziehen, meine Badehose abzustreifen und die Glieder auszustrecken.

Der Sonnengott ist ein alter Liebhaber und erfahren in seiner Rolle. Erst läßt er dir überall starke Hände wachsen. Er schmiegt sich dir an. Er packt dich am Wickel, er drückt dich zu Boden und plötzlich, als ich, benommen, wieder zu mir kam, hatte sich über meinen Bauch eine Flüssigkeit wie aus einem Mistelzweig ergossen.

Auf mich war kein Verlaß. Ich verabscheute mich. Ich versuchte, mich zusammenzureißen. Schließlich beschränkte sich mein Gebet darauf, Gott um Verzeihung zu bitten. »Mein Gott, Du verzeihst mir, Du verstehst mich. Du verstehst alles. Hast Du doch alles erdacht und gemacht: die Körper, die Geschlechter, die Wellen, den Himmel und die Sonne, die in Liebe zu Hyazinth eine Blume aus ihm machte.«

Ich hatte mir zum Schwimmen einen kleinen verlassenen Strand gesucht. Ich zog meine Barke auf die Steine und ließ mich auf dem Tang trocknen. Eines Morgens stieß ich auf einen jungen Mann, der da ohne Badehose ins Wasser ging und mich fragte, ob ich daran Anstoß nähme. Meine Antwort fiel so unverblümt aus, daß er an meiner Vorliebe nicht zweifeln konnte. Schon bald hatten wir uns nebeneinander ausgestreckt. Ich erfuhr, daß er im Nachbardorf wohnte und die Folgen einer harmlosen Tuberkulose ausheilen ließ.

Unter der Sonne schießen die Gefühle ins Kraut. Wir ernteten im Sturm, und dank vieler Treffen in freier Natur, entfernt von allem, was das Herz ablenkt, war es plötzlich so weit, daß wir uns liebten, ohne ein Wort über die Liebe verloren zu haben. H. gab sein Quartier auf und zog zu mir ins Hotel. Er schrieb. Er glaubte an Gott, legte aber dem Dogma gegenüber einen kindischen Gleichmut an den Tag. Die Kirche, so beschied mich dieser liebenswerte Ketzer, verlangt uns eine moralische Metrik ab im Range der Verskunst eines Boileau. Mit einem Bein in der Kirche stehen, die behauptet, unerschütterlich zu sein, und mit dem anderen im modernen Leben, heißt, bewußt ein zerrissenes Leben zu führen. Dem passiven Gehorsam setze ich den aktiven Gehorsam entgegen. Gott liebt die Liebe. Wenn wir uns lieben, beweisen wir Christus, daß wir zwischen den Zeilen lesen können, die der Gesetzgeber mit unerbittlicher Härte vorschreibt. Sich an die Massen zu wenden, verbietet, das Gewöhnliche mit dem Ungewöhnlichen zu vermischen.

Er mokierte sich über meine Gewissensbisse und hielt sie für eine Schwäche. Meine Vorbehalte schlug er in den Wind. »Ich liebe Sie«, sagte er wiederholt, »und ich beglückwünsche mich – was für ein Glück, Sie zu lieben.«

Vielleicht wäre unserem Traum Dauer beschieden, hätten wir ein Reich bewohnt und zur einen Hälfte an Land, zur anderen im Wasser gelebt wie mythologische Gottheiten; aber seine Mutter rief ihn zurück und wir beschlossen, gemeinsam nach Paris zurückzukehren.

Diese Mutter wohnte in Versailles, und da ich noch bei meinem Vater lebte, nahmen wir ein Hotelzimmer, wo wir uns täglich trafen. Er unterhielt zahlreiche Freundschaften zu Frauen. Sie störten mich nicht sonderlich, denn ich hatte schon oft bemerkt, daß die Homosexuellen gerne in Gesellschaft von Frauen sind, während die Frauenhelden für das weibliche Geschlecht nur Geringschätzung übrig haben und ihm, wenn sie es nicht gerade für ihre Zwecke gebrauchen, den Umgang mit Männern vorziehen.

Als er mich eines Morgens aus Versailles anrief, fiel mir auf, daß dieser zum Lügen so geeignete Apparat eine andere Stimme als gewöhnlich hören ließ. Ich fragte zurück, ob er auch wirklich aus Versailles anriefe. Er regte sich auf, traf überstürzt eine Verabredung mit mir, gleichen Tags vier Uhr im Hotel, und hängte ein. Bis ins Mark erschüttert und getrieben vom schrecklichen Wahn, schon Bescheid zu wissen, ließ ich mir die Nummer seiner Mutter geben. Sie teilte mir mit, daß er seit mehreren Tagen nicht nach Hause gekommen sei und bei einem Kameraden übernachte, weil ihn seine Arbeit bis in die Nacht in der Stadt festhielte.

Wie sollte ich bis vier Uhr warten? Tausend Umstände, die bloß eines Winkes bedurften, um aus dem Schatten des Zweifels zu treten, wurden zu Marterinstrumenten, die mich in die Zange nahmen. Die Wahrheit stand mir klar vor Augen. Madame V., die ich für eine entfernte Freundin hielt, war seine Mätresse. Er ging abends zu ihr und blieb über Nacht. Diese Gewißheit war wie ein Prankenhieb ins Gesicht. Die Klarheit nützte mir nichts, ich hoffte noch immer, er fände eine Ausrede und könnte seine Unschuld beweisen.

Um vier Uhr gestand er, daß er, schon vor mir, Frauen liebte und, von einer unbezwingbaren Macht getrieben, wieder darauf verfallen sei; ich solle nicht unnütz leiden, das sei etwas anderes; er liebe mich, er schäme sich tief, er könne nichts dagegen tun; jedes Sanatorium sei mit derlei

Fällen überlaufen. Man solle diese Abspaltung seines Geschlechtstriebes der Tuberkulose anlasten.

Ich verlangte von ihm, daß er sich zwischen den Frauen und mir entscheide. Ich ging davon aus, er würde sich gleich für mich entscheiden und sich alle Mühe geben, auf die Frauen zu verzichten. Ich sollte mich irren. »Ich kann nicht gleichzeitig«, war seine Antwort, »ein Versprechen halten und es brechen. Dann ist Trennung besser. Du würdest bloß leiden. Ich will nicht, daß du leidest. Abschied tut dir weniger weh als ein falsches Versprechen und die Lügen.«

Ich stand an der Tür und war so bleich, daß er es mit der Angst zu tun bekam. »Adieu«, sagte ich tonlos, mit gebrochener Stimme, »adieu. Du gabst meinem Leben Sinn, und ich hatte nichts anderes im Kopf als dich. Was soll aus mir werden? Wohin soll ich? Wie soll ich die Nacht überstehen und den Tag danach, morgen und übermorgen, und wie die kommenden Wochen?« Die Umrisse des Zimmers verschwanden vor meinen Augen, lösten sich in meinen Tränen auf, und mit einer idiotischen Bewegung zählte ich an meiner Hand die Tage.

Plötzlich erwachte er wie aus einer Trance, hörte auf, im Bett seine Nägel zu kauen, richtete sich auf, umschlang mich, bat um Verzeihung und schwor mir, die Frauen zum Teufel zu jagen.

Er schrieb einen Abschiedsbrief an Madame V., gab vor, sich mit Schlaftabletten umzubringen und wir zogen für drei Wochen aufs Land, ohne zu sagen, wohin. Zwei Monate wurden daraus; ich war glücklich.

Dann kam der Abend vor einem hohen religiösen Feiertag. Ich hatte die Gewohnheit, vor dem Gang zum Abendmahl beim Abbé X. beichten zu gehen. Er schien darauf vorbereitet. Ich warnte ihn gleich, als ich eintrat, daß ich diesmal nicht zur Beichte käme, sondern um auszupacken; sein Urteil stünde, bei Gott, für mich von vornherein fest.

»Herr Abbé«, fragte ich ihn, »bin ich in Ihrer Liebe?« – »Sie sind in meiner Liebe.« – »Wären Sie froh zu erfahren, daß ich endlich das Glück gefunden habe?« – »Sehr froh.« – »So hören Sie denn, wie glücklich ich bin, allerdings so, daß es die Billigung der Kirche und der Welt kaum findet, denn eine Freundschaft ist mein Glück, und die Freundschaft kennt für mich keine Grenzen.« Der Abbé unterbrach mich: »Ich glaube«, wandte er ein, »daß Sie das Opfer Ihrer Skrupel sind.« – »Herr Abbé, ich will der Kirche nicht zu nahe treten und glauben, sie arrangiere sich und spiele falsch. Ich kenne das System der *exzessiven Freundschaften.* Wen hintergeht man? Gott sieht auf mich. Soll ich meiner Neigung die Elle anlegen, um zu messen, wie nahe sie der Sünde liegt?«

»Mein liebes Kind«, erwiderte der Abbé X. im Vorraum, »ginge es mir darum, meinen Platz im Himmel einzubüßen, setzte ich nicht viel aufs Spiel, denn ich glaube, daß Gottes Güte unsere Vorstellungskraft übersteigt. Ich aber habe meinen Platz hienieden. Ich stehe unter strenger Aufsicht der Jesuiten.«

Wir umarmten uns. Auf dem Heimweg dachte ich, wie ich an den Mauern vorbeizog, über die Gerüche aus den Gärten strichen, wie bewundernswert ist die göttliche Ökonomie. Sie gewährt Liebe, wenn man ihrer bedarf, und um zu vermeiden, daß einem das Herz überfließt, wird sie jenen entzogen, die sie besitzen.

Eines Morgens erhielt ich ein Telegramm. *»Keine Sorge. Abgereist mit Marcel. Melde meine Rückkehr.«*

Dieses Telegramm bestürzte mich. Am Abend zuvor war von Verreisen keine Rede. Marcel war ein Freund, von dem ich Verrat nicht zu befürchten hatte, den ich aber für verrückt genug hielt, innerhalb von fünf Minuten abzureisen, ohne Rücksicht darauf, daß sein Partner kränkelte und ein überstürzter Aufbruch die Gesundheit gefährde.

Ich wollte gerade das Haus verlassen, um Näheres von Marcels Diener zu erfahren, als es klingelte und man Miss R. meldete, die mit aufgelöstem Haar schreiend hereinstürmte: »Marcel hat ihn uns gestohlen! Marcel hat ihn uns gestohlen! Tun Sie etwas! Los! Was stehen Sie da wie angewurzelt? Bewegung! Vorwärts! Rächen Sie uns! Der Elende!« Sie rang die Hände, ging ungestüm im Zimmer auf und ab, schneuzte sich, raufte sich die Haare, blieb an den Möbeln hängen und zerfetzte ihr Kleid.

Aus Furcht, mein Vater könnte alles mitanhören und hinzutreten, begriff ich nicht sofort, was über mich hereinbrach. Plötzlich dämmerte mir die Wahrheit und, indem ich meine Angst verbarg, drängte ich die Wahnsinnige ins Nebenzimmer, wo ich ihr zu verstehen gab, daß man mich nicht betrüge, daß zwischen uns bloß Freundschaft herrsche und daß ich keine blasse Ahnung von dem Abenteuer hätte, daß sie soeben bühnenreif nachgespielt habe.

»Was!«, und sie hörte nicht auf, mir ins Ohr zu brüllen, »Wissen Sie etwa nicht, daß dieses Kind mich anbetet und jede Nacht aufsucht? Er kommt von Versailles her und fährt vor dem Morgengrauen zurück! Ich habe grauenhafte Operationen hinter mir! Mein Bauch ist eine einzige Narbe! Dann sollen Sie auch erfahren, daß er meine Narben küßt, daß er seine Wange an sie schmiegt, wenn er sich schlafen legt.«

Ich kann gar nicht sagen, in welche Angstzustände mich dieser Besuch stürzte. Die Telegramme rissen nicht ab. *»Es lebe Marseille!«* Oder *»Auf nach Tunis!«*

Die Rückkehr war fürchterlich. H. fühlte sich wie ein

Kind beschimpft, das etwas ausgefressen hatte. Ich bat Marcel, uns in Ruhe zu lassen, und rieb H. die Affäre mit Miss R. unter die Nase. Er leugnete. Ich fuhr ihn hart an. Er leugnete. Schließlich gab er es zu, und ich verdrosch ihn. Sein Schmerz berauschte mich. Ich schlug wie ein Wilder zu. Ich packte ihn an der Ohren und schlug seinen Kopf gegen die Wand. Ein feiner Blutstrahl schoß aus seinem Mundwinkel. Im Nu war ich wieder nüchtern. Ich heulte wie verrückt und wollte dieses geschundene, blutunterlaufene Gesicht abküssen. Aber ich stieß nur auf eine blaue Stelle, über der sich schmerzlich die Lider schlossen.

Ich fiel in einem Winkel des Zimmers auf die Knie. Eine solche Szene geht durch Mark und Bein. Man strampelt wie ein Hampelmann.

Plötzlich spürte ich eine Hand auf meiner Schulter. Ich hob den Kopf und sah, wie mich mein Opfer ansah, zu Boden glitt, mir atemlos die Finger, die Knie abküßte und wimmerte: »Bitte verzeih mir, bitte! Ich will dein Sklave sein. Mach mit mir, was du willst.«

Waffenruhe für drei Monate. Eine holde und trügerische Ruhe vor dem Sturm. Wir waren wie die Dahlien, deren Stengel vollgesogen vornüberfallen. H. sah schlecht aus. Er war blaß und blieb oft in Versailles.

Während mich nichts geniert, wenn es darum geht, über sexuelle Beziehungen zu reden, hält mich die Scham zurück, wenn es darum geht, die Qualen zu schildern, derer ich imstande bin. Ich widme ihnen einige Zeilen und lasse es dabei bewenden. Mich reißt die Liebe hin. Bin ich ruhig, fürchte ich, daß die Ruhe aufhört, und diese Sorge hält mich davon ab, das süße Gefühl auszukosten. Beim leisesten Windstoß falle ich um. Unweigerlich denke ich immer gleich ans Schlimmste. Nichts bewahrt mich davor, den Boden unter den Füßen zu verlieren, und tat ich auch bloß einen falschen Tritt. Das Warten ist eine Folter; das Besitzen eine andere, weil ich zu verlieren fürchte, was ich halte.

Der Zweifel trieb mich dazu, nachts wachzubleiben, auf und ab zu gehen, mich auf den Boden zu legen und zu wünschen, er möge sich öffnen, öffnen für immer. Ich nahm mir vor, kein Wort über meine Ängste zu verlieren. Sobald H. kam, überfiel ich ihn mit quälenden Fragen. Er schwieg dazu. Dieses Schweigen machte mich entweder starr vor Zorn oder weinen vor Wut. Ich warf ihm vor, mich zu hassen, sich meinen Tod zu wünschen. Er wußte zu gut, daß jede Antwort zwecklos war und ich am nächsten Morgen das Ganze von vorn anfinge.

Wir hatten September. Den zwölften November werde ich meinen Lebtag nicht vergessen. Wir waren um sechs Uhr im Hotel verabredet. Unten hielt mich der Besitzer an, und es war ihm äußerst peinlich zu berichten, daß Polizei unser Zimmer durchsucht und H. samt einem schweren Koffer auf die Präfektur mitgenommen hatte, in einem Wagen, in dem der Kommissar von der Sitte und Beamte in Zivil saßen. »Polizei!«, fragte ich mich entsetzt, »warum denn?« Ich rief Leute von Einfluß an. Sie holten Auskunft ein, und ich erfuhr die Wahrheit, die H. mir gegen acht Uhr bestätigte – kleinlaut, verhört, aber frei.

Er betrog mich mit einer Russin, die ihn von Drogen abhängig hielt. Nachdem man sie gewarnt hatte, eine Razzia sei im Anzug, hatte sie ihn gebeten, ihr Rauchbesteck und den Stoff in sein Hotel zu nehmen. Ein Spitzbube, der ihm den Weg wies und dem er sein Vertrauen lieh, hatte nichts Eiligeres im Sinn, als ihn zu verpfeifen. Er war von der Polizei gekauft. So erfuhr ich auf einen Streich zwei schäbige Arten des Verrats. Sein plötzlicher Verfall war entwaffnend. Er hatte auf der Präfektur herumgeprahlt und, indem er behauptete, so hielte er es immer, während des Verhörs auf dem Boden sitzend den fassungslosen Beamten etwas vorgeraucht. Jetzt war er bloß noch Haut und Knochen. Ich konnte ihm keinen Vorwurf machen. Ich bat ihn inständig, auf Drogen zu verzichten. Er antwortete, er wolle schon, nur sei die Vergiftung schon zu fortgeschritten, um sie rückgängig zu machen.

Am nächsten Tag erhielt ich einen Anruf aus Versailles, daß man ihn, nach einem Blutsturz, mit dem Rettungswagen ins Krankenhaus der Rue B. geschafft habe.

Er lag in Zimmer 55 im dritten Stock. Als ich eintrat, hatte er kaum die Kraft, mir den Kopf zuzuwenden. Seine Nase war leicht eingefallen. Mit trüben Augen sah er auf seine durchsichtigen Hände. »Ich werde dir mein Geheimnis verraten«, sagte er mir, als wir allein waren. »In mir waren Mann und Frau. Die Frau war dir ergeben; der Mann erhob sich gegen diese Unterwerfung. Ich finde an Frauen kein Gefallen. Ich suchte ihre Nähe, um mir Abwechslung zu verschaffen und das Gefühl, frei zu sein. Der Mann in mir, ein dummer Geck, war unserer Liebe feind. Das tut mir leid. Ich liebe nur dich. Nach meiner Genesung werde ich wie ausgewechselt sein. Ich werde dir, ohne aufzumucken gehorchen und alle Mühe darauf verwenden, was ich angerichtet habe, wieder gut zu machen.«

In der folgenden Nacht konnte ich nicht einschlafen. Gegen Morgen gelang es für kurze Zeit, und ich hatte einen Traum.

Ich war mit H. im Zirkus. Dieser Zirkus verwandelte sich in ein Restaurant, das aus zwei kleinen Räumen bestand. Im einen kündigte ein Sänger am Klavier an, er werde ein neues Chanson singen. Der Titel war der Name einer

Frau, die die Mode um 1900 beherrschte. Dieser Titel klang, nach dem Vorspruch, 1926 anzüglich. Hier das Chanson:

Der Salat von Paris
spaziert durch Paris
steckt eine Rübe
mir zuliebe
im Salat von Paris.

Im Traum, der alle Dinge verrückt, schien dieses sinnlose Chanson himmlisch und außerordentlich komisch.

Ich erwachte. Ich lachte immer noch. Dieses Lachen schien mir ein gutes Zeichen. Ich werde doch nicht, so dachte ich, einen so lächerlichen Traum haben, wenn die Situation ernst ist. Ich bedachte nicht, daß schmerzhafte Anspannungen manchmal lächerliche Träume nach sich ziehen.

Im Krankenhaus der Rue B. wollte ich die Tür zu seinem Zimmer öffnen, als eine Schwester mich zurückhielt und mit kalter Stimme beschied: »55 ist nicht mehr auf seinem Zimmer. Er ist in der Kapelle.«

Woher sollte ich die Kraft nehmen, auf dem Absatz kehrt zu machen und hinabzusteigen? In der Kapelle saß neben der Steinplatte, wo der Leichnam meines Freundes ausgestreckt lag, eine Frau und betete.

Wie ruhig dieses mir teure Gesicht war, das ich geschlagen hatte. Aber was sollte ihm die Erinnerung an Schläge, an Zärtlichkeiten anhaben? Er liebte niemanden mehr, weder seine Mutter, noch die Frauen, noch mich oder sonst jemanden. Denn für die Toten zählt nur noch der Tod.

In meiner gräßlichen Einsamkeit kam es mir nicht in den Sinn, mich der Kirche wieder anzunähern; es wäre zu billig gewesen, die Hostie als Heilmittel und das Abendmahl als folgenlose Stärkung einzunehmen. Es geht nicht, sich einfach jedesmal an den Himmel zu wenden, wenn wir, was uns auf der Erde verzauberte, verlieren.

Blieb die Flucht in die Ehe. Wo ich schon eine Liebesehe nicht erhoffen durfte, hätte ich es falsch gefunden, einem jungen Mädchen etwas vorzumachen.

Ich hatte auf der Sorbonne Mademoiselle de S. kennengelernt, die mir wegen ihrer burschikosen Art gefiel und von der ich oft dachte, wenn ich schon heirate, kommt niemand außer ihr in Frage. Ich knüpfte unsere alten Bande an, verkehrte in ihrem Haus in Auteuil, das sie mit ihrer Mutter bewohnte, und allmählich wurde uns der Gedanke an die Ehe immer vertrauter. Ich gefiel ihr. Ihre Mutter fürchtete, sie bliebe eine alte Jungfer. Wir verlobten uns eher zufällig.

Sie hatte einen jüngeren Bruder, den ich nicht kannte, weil er gerade seine Studien auf einem Jesuitenkolleg in der Nähe von London abschloß. Dann kam er. Hätte ich die neuerliche Tücke des Schicksals, das mich verfolgt, und das mir unabänderlich, wenn auch in verschiedenen Formen zugedachte Verhängnis nicht ahnen müssen? Was ich an der Schwester schätzte, schlug beim Bruder ein. Auf den ersten Blick begriff ich das Drama und, daß ein friedliches Leben mir nicht vorbestimmt war. Binnen kurzem wurde mir klar, daß ihr Bruder, in einer englischen Schule erzogen, bei unserem ersten Zusammentreffen sich in mich verschossen hatte. Dieser junge Mann war in sich selbst vernarrt. Mich zu lieben hieß, sich selber etwas vorzumachen. Wir trafen uns im verborgenen und sahen das Verhängnis nahen.

Die Atmosphäre im Hause war mehr als elektrisch geladen. Wir hielten unser Verbrechen sorgfältig geheim, aber

diese Spannung beunruhigte meine Verlobte in dem Maße, als sie die Ursache nicht erahnen konnte. Auf lange Sicht entpuppte sich die Liebe, die ihr Bruder mir entgegenbrachte, als Leidenschaft. Barg diese Leidenschaft vielleicht insgeheim den Wunsch zur Zerstörung in sich? Er haßte seine Schwester. Er flehte mich an, mein Eheversprechen zurückzunehmen, das Aufgebot abzusagen. Ich bremste ihn, so gut es ging. Ich wollte noch Spielraum gewinnen, was die Katastrophe bloß aufschob.

Als ich eines Abends seine Schwester besuchen wollte, hörte ich hinter der Tür ein Weinen. Das arme Mädchen lag bäuchlings auf dem Boden, vorm Mund ein Taschentuch und die Haare durcheinander. Über ihr stand der Bruder und schrie: »Er gehört mir! Mir! Mir! Da er zu feige ist, es dir zu gestehen, muß ich es dir sagen!«

Ich konnte diese Szene nicht ertragen. Seine Stimme und sein Blick waren so hart, daß ich ihm ins Gesicht schlug. »Dieser Schlag wird Ihnen ewig leid tun!«, warf er mir entgegen und schloß sich ein.

Während ich mich darum kümmerte, unser Opfer auf die Beine zu bringen, hörte ich einen Schuß fallen. Ich stürmte hin. Ich öffnete die Tür zum Nebenzimmer. Zu spät. Er lag zu Füßen eines verspiegelten Schrankes, auf dessen Scheibe noch in Augenhöhe der fette Abdruck seiner Lippen hing und der matte Beschlag seines letzten Atemzuges.

Ich konnte in einer Welt, die mich mit Pech und Trauer verfolgte, nicht länger leben. Unmöglich, den Gedanken an Selbstmord aufzugreifen, denn ich war gläubig. Mein Glaube und die Unrast in mir, die nicht wich, seitdem ich die religiösen Exerzitien aufgegeben hatte, führten dazu, daß ich ins Kloster gehen wollte.

Der Abbé X., an den ich mich um Rat wandte, sagte, solche Entscheidungen dürfe man nicht überstürzen, das Reglement sei sehr streng, ich solle vorübergehend in der Abtei von M. prüfen, wie stark ich sei. Er vertraute mir ein Schreiben an den Prior an, in dem er die Gründe angab, warum mein Rückzug mehr als die Laune eines Laien sei.

Als ich in der Abtei eintraf, taute es. Der Schnee schmolz und ging über in kalten Regen und Matsch. Der Pförtner übergab mich einem Mönch, neben dem ich schweigend unter den Arkaden einherging. Als ich von ihm den Ablauf der Gottesdienste erfahren wollte und er antwortete, fuhr ich zusammen. Mir kam eine Stimme zu Ohren, die, noch eher als Gesicht und Körper, mir das Alter und die Schönheit eines jungen Mannes verriet.

Er schlug seine Kapuze zurück. Sein Profil zeichnete sich auf der Mauer ab. Alfred, H., Rose, Jeanne, Dargelos, KEINGLÜCK, Gustave und der junge Knecht standen vor mir.

Ich schaffte es noch bis zur Tür des Kabinetts von Don Z.

Der Empfang durch Don Z. war sehr herzlich. Ein Brief des Abbé X. lag vor ihm auf dem Tisch. Er entließ den jungen Mönch. »Wissen Sie«, fragte er mich, »daß unser Haus keinerlei Bequemlichkeiten bietet und das Reglement sehr streng ist?«

»Mein Vater«, erwiderte ich, »ich habe Gründe anzunehmen, daß dieses Reglement für mich zu lasch wäre. Ich lasse es mit meinem Versuch hiermit bewenden und werde mich stets Eures herzlichen Empfangs entsinnen.«

Ja, sie verjagten mich aus dem Kloster wie überall. Ich mußte also aufbrechen, es den Karmelitern gleichtun, die sich in der Wüste verzehren und deren Liebe frommer Selbstmord ist. Würde Gott aber dulden, daß ich ihn in dieser Art verehrte?

Das ist mir gleich, ich werde aufbrechen und dieses Buch liegenlassen. Sollen sie es veröffentlichen, wenn sie es finden. Vielleicht versteht man danach besser, daß ich, wenn ich mich entferne, kein Monstrum vertreibe, sondern einen Mann, dem die Gesellschaft nicht zu leben gestattet, weil sie ihn für Sand im Getriebe des göttlichen Weltplans hält.

Anstatt sich die Botschaft Rimbauds *Jetzt kommt die Zeit der Mörder* zu eigen zu machen, sollte die Jugend sich besser an seinen Satz halten: *Man muß die Liebe neu erfinden.* Im Bereich der Kunst läßt die Welt gefährliche Experimente zu, weil sie die Kunst nicht ernst nimmt, aber gefährliche Experimente im Leben verurteilt sie.

Ich verstehe sehr wohl, warum das russische Ideal des Ameisenstaats, das auf Gesamtheit zielt, den Einzelnen verdammt, der sich zu seiner höchsten Form entfaltet. Aber jenes Ideal kann nicht verhindern, daß bestimmte Blumen und Früchte nur von den Reichen genossen werden.

Das Laster liegt bei der Gesellschaft und nicht in meinem aufrechten Gang. Ich ziehe mich zurück. Dank des Strafgesetzbuches, das seit Napoleon und dem Lebenswandel des Chefs seiner Justiz, Cambacérès, noch immer gilt, bringt mich dieses Laster in Frankreich nicht ins Gefängnis. Aber ich dulde nicht, daß man mich toleriert. Dafür bin ich zu verliebt in die Liebe und in die Freiheit.

DIE ZEICHNUNGEN

»Man hat behauptet, Das Weißbuch *sei mein Werk. Ich vermute, aus diesem Grunde fordern Sie mich auf, es zu illustrieren, und deshalb nehme ich auch an.*

Es scheint tatsächlich, daß der Autor Die große Kluft *kennt und meiner Arbeit nicht gleichgültig gegenübersteht.*

Aber was auch immer ich von diesem Buch halte, und wäre es von mir, wäre ich dafür nicht mit meinem Namen eingestanden, da es einer Autobiographie nahekommt und ich mir vorbehalte, selber eine zu schreiben, die noch außerordentlicher ausfiele.

So lasse ich es dabei bewenden, daß ich meine Bilder beisteuere und diesen anonymen Versuch begrüße, auf unkultiviertem Boden Neuland zu erschließen.«

Im Mai 1930. Jean Cocteau.

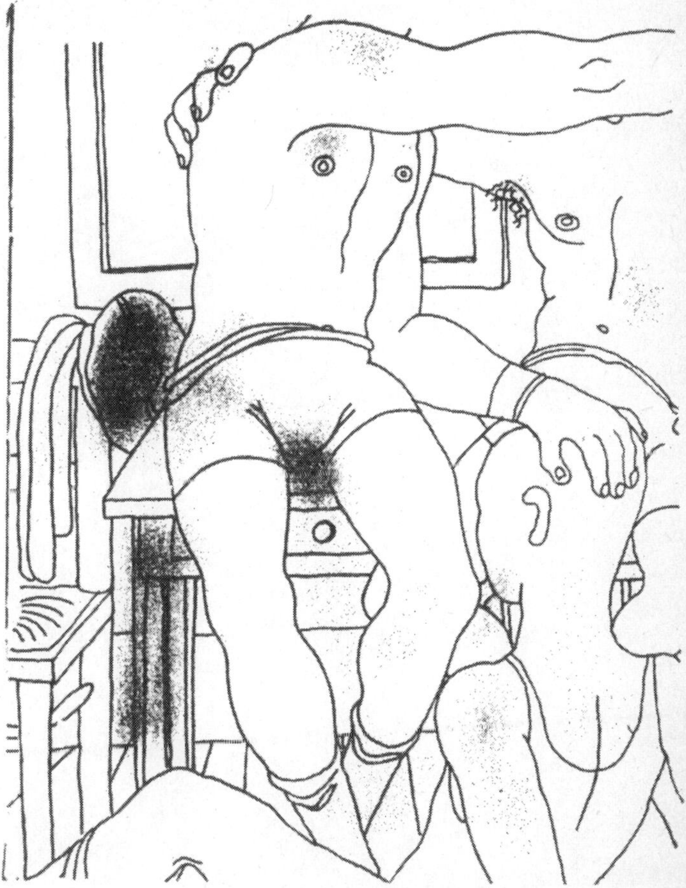

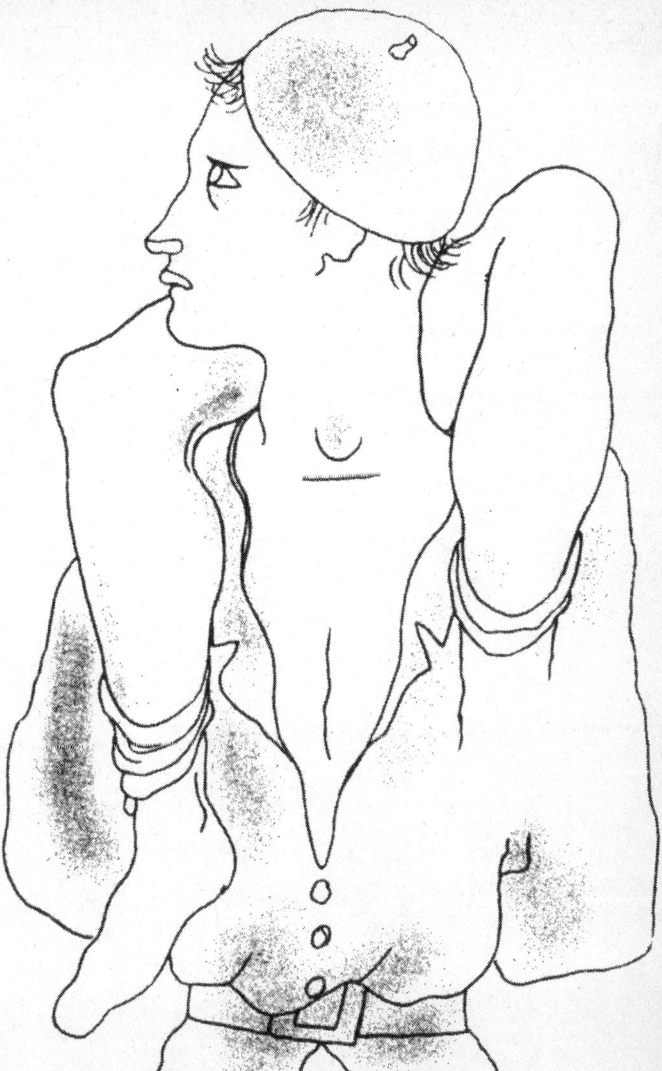

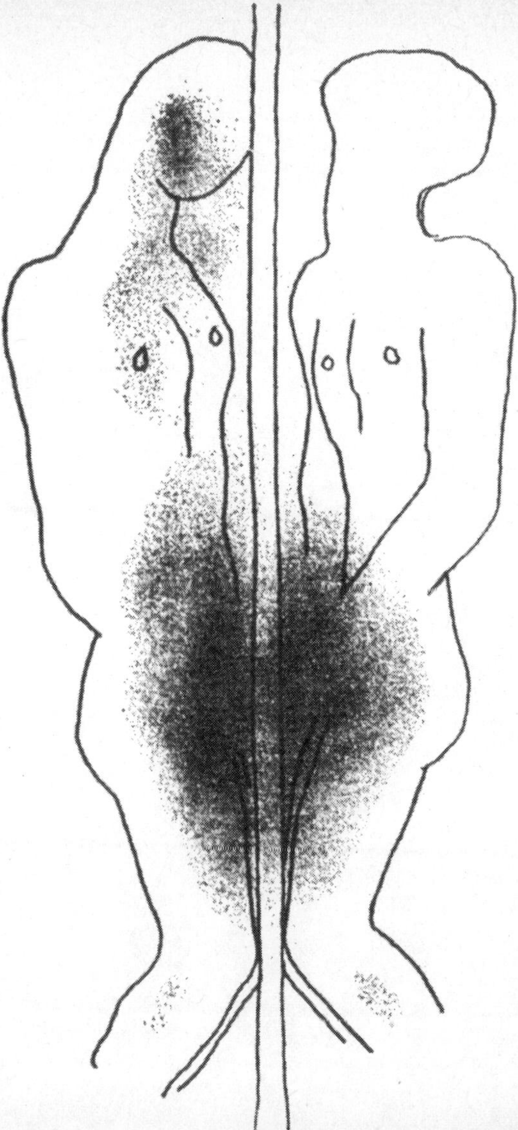

PAS DE CHANCE

NACHWORT

Jean Cocteau verbringt den Sommer 1922 an der Côte d'Azur, in Le Lavandou und Pramousquier. Es begleitet ihn Raymond Radiguet, 14 Jahre jünger als Cocteau, sein Geliebter, literarischer Zögling und Lehrmeister in einem. Cocteau hat drei Jahre zuvor den damals Sechzehnjährigen kennengelernt. Das selbstbewußte, kaltschnäuzige Auftreten des »Monsieur Bébé« (Herrn Baby) faszinierte ihn; er führte Radiguet, der Gedichte schrieb, in seine Künstlerkreise ein und förderte seine literarischen Ambitionen. In diesem Sommer nun, an der Mittelmeerküste, korrigiert Radiguet die Druckfahnen seines ersten Romans *Le Diable au corps* (Den Teufel im Leib) und beginnt die Arbeit an einem zweiten, *Le Bal du comte d'Orgel* (Der Ball des Grafen d'Orgel). Für Cocteau wird dies gleichfalls eine Zeit äußerst fruchtbarer künstlerischer Arbeit: Im Juli schreibt er *Die große Kluft (Le Grand Ecart)*, im Oktober folgt *Thomas der Schwindler (Thomas l'imposteur)*, und als er im Herbst nach Paris zurückkehrt, bringt er überdies noch die Gedichte mit, die im Jahr darauf unter dem Titel *Plain-Chant* (Choral) veröffentlicht werden.

Der Einfluß Radiguets zeigt sich in dem, was man als die »klassizistische« Ausrichtung dieser Arbeiten Cocteaus bezeichnet hat: das Bemühen um eine durchsichtige Entwicklung des Erzählgeschehens, um einen klaren, »unsichtbaren« Stil, der nicht um seiner selbst willen geschrieben wird, sich nicht vor das Mitzuteilende drängt. Radiguet mißfiel die ausgetüftelte Bildlichkeit der Symbolisten und ihrer Nachfahren, ebenso wandte er sich gegen den exaltierten Ton der Dadaisten, gegen ihren Angriff auf die Sinnhaftigkeit des Kunstwerks. Cocteau hatte sich selbst, wenn auch in Maßen, von dadaistischem Geist inspirieren lassen – etwa in seinem Bühnenspektakel *Parade* von 1917 oder der *Hochzeit auf dem Eiffelturm* von 1921. Nun fühlt er sich durch Radiguet in seiner Rückwendung zu »klassischeren« Formen bestätigt; sein im selben Jahr 1922 veröffentlichter Essay *Das Berufsgeheimnis* verleiht ihr programmatischen Ausdruck (s. den Band »Kritische Poesie I« dieser Ausgabe). Wenn sich Cocteau jetzt erstmals am Roman versucht, steht er in Gegensatz zu den Dadaisten und Surrealisten, die dem Roman vorwerfen, einen illusionären künstlerischen Sinn neben der Wirklichkeit zu behaupten.

Aber nicht nur die grundsätzliche ästhetische Orientierung, auch der Inhalt von Cocteaus erstem Roman verrät Radiguets Einfluß. In *Le Diable au corps* nimmt Radiguet die Erinnerung an seine jugendlichen Liebesabenteuer als Sprungbrett der literarischen Fiktion. Ganz ähnlich verfährt Cocteau in der *Großen Kluft.* Hinter der Liebesgeschichte von Jacques Forestier und Germaine verbirgt sich sein Verhältnis mit der Schauspielerin Adèle Martin, die sich Madeleine Carlier nannte. In dem autobiographischen Essay *Le Cordon ombilical* (Die Nabelschnur) erzählt 1962 der über Siebzigjährige, wie sehr es ihm zu schaffen machte, als sie sich von ihm trennte. Madeleine Carlier war sieben Jahre älter als Cocteau, der damals, in den Jahren 1906, 1907, nachdem er das Abitur nicht bestanden hatte, für einen erneuten Anlauf bei einem Herrn Dietz in Pension war und dessen Privatkurse besuchte. In dem Roman wurde daraus die Pension des Herrn Berlin. Auch für die anderen Bewohner, Stopwell, Majeddin und Petitcopain, lassen sich mit großer Wahrscheinlichkeit die Namen wirklicher Personen finden. Die Reisen in die Schweiz und nach Italien haben ebenso autobiographische Wurzeln wie das Erlebnis des Todes in Venedig: Cocteau hat im September 1908 mit dem 22jährigen Schriftsteller Raymond Laurent Venedig besucht; Laurents Liebe zu einem Amerikaner, mit dem er während ihres Aufenthalts zusammenlebte, endete tragisch: Aus Liebeskummer brachte er sich um. Schließlich ähnelt auch Jacques Forestiers Äußeres, wie es der Autor eingangs darstellt, dem Porträt, das er fünfundzwanzig Jahre später in *Die Schwierigkeit, zu sein* von sich selbst zeichnet. Cocteau hat aus dem in weiten Zügen autobiographischen Charakter dieses Romans kein Geheimnis gemacht; in einem Radiointerview Anfang der fünfziger Jahre sprach er von »Erinnerungen, die ich mit Erfundenem verquickt

habe«. So wie er wenige Monate später in *Thomas dem Schwindler* sein Erlebnis des Ersten Weltkriegs literarisch verarbeitet, sind es hier seine Vorkriegserinnerungen, die ihm als Romanstoff dienen.

Mit der *Großen Kluft* wollte Cocteau den breit dahinfließenden, ausführlich ihre Geschichte entwickelnden Romanen einen »Roman in Blöcken und in Beispielen« gegenüberstellen. Dieser in so kurzer Zeit geschriebene Text eilt rasch dahin, sein Stil schließt alles Pathetische und Sentimentale aus, und diese lapidare Kürze verleiht ihm Witz. Der Autor setzt eine Miene gewollter Leichtigkeit auf und hüllt sich in das Gewand einer geistreichen, nüchternen Schreibweise, ganz wie Jacques Forestier, kennt man ihn nur oberflächlich, als witziger Kopf und gefühlsarm gilt.

Durch rhetorische Fragen, durch das Spiel mit Vergleichen und Metaphern, durch Kommentare, die den Beispielcharakter, die allgemeine Bedeutung des Geschilderten hervorheben, bleibt der Autor ständig präsent, fast wie ein souveräner, zielsicherer

Plauderer, und scheint sich hinter dem Rücken der handelnden Figuren mit dem Leser verständigen zu wollen. Diese ein wenig geschwätzige Manier des Kommentierens verschwindet in den folgenden Romanen Cocteaus; bereits in *Thomas dem Schwindler* fühlt man sich nur zu Beginn noch an sie erinnert, und in *Kinder der Nacht (Les Enfants terribles)* von 1929 ist die leitende Hand des Autors zwar immer spürbar, ohne sich jedoch in den Vordergrund zu drängen.

Die Erkennungszeichen des lächelnd Darüberstehenden in der *Großen Kluft* sind durchaus gewollt: das Drama spielt sich hier unter der Maske des Lässigen und Ungezwungenen ab – das Motto hat bereits den Ton angegeben. Die Mehrdeutigkeit des französischen Originaltitels, die im Deutschen bündig kaum wiederzugeben sein dürfte, spiegelt die gewünschte Doppelbödigkeit des Textes: »Ecart« ist für sich genommen ein sehr abstrakter Ausdruck, bezeichnet, daß zwei Dinge sich zueinander in Abstand befinden; »le grand écart« meint hier einmal die große Kluft, die sich zwischen Jacques und der Außenwelt und in ihm selbst auftut, die Kluft, die die Wünsche der Kindheit und die Realität des Erwachsenwerdens trennt. »Le grand écart« ist aber auch der technische Ausdruck für einen Tanzschritt, nämlich für den Spagat; diese Bedeutung setzt die zentrale Szene in der Rollschuhbahn ausdrücklich ins Bild. Der Titel vermischt also das tänzerische Vergnügen, den krönenden Abschluß des Cancan, und die innere Qual des Helden.

Die große Kluft schildert eine Art »Herzenserziehung«, den Eintritt eines Heranwachsenden in das erotische Gefühlsleben der Erwachsenen. Damit einher geht, wie üblich in diesem Genre, ein Illusionsverlust. Doch eine Entwicklung, eine Veränderung des Helden, die man bei solchem Thema erwarten mag, findet im Grunde kaum statt. In seiner Kindheit fühlte sich Jacques bereits ausgesperrt von der Welt der schönen, unordentlichen Wesen mit ihrer strahlenden schäbigen Eleganz. Sein Hunger nach Schönheit und Liebe bleibt unbefriedigt, und er gerät darüber mit sich selbst in Hader. Das Abenteuer mit Germaine scheint ihm zu zeigen, daß er mit seinen Wünschen in der Realität Fuß fassen kann, daß das Gesellschaftsspiel der Liebe mit den dazugehörigen

Betrügereien, wie es die anderen alle vorführen, auch ihn als Teilnehmer zuläßt. Das Ende wird das Gegenteil bezeugen und den anfänglichen Befund bestätigen: Die Wirklichkeit stößt ihn zurück, er gleitet von ihr ab und beugt sich wieder über sein eigenes Spiegelbild – und aus dieser Begegnung mit sich selbst grinst bei Cocteau stets der Tod. Nur eine Entwicklung hat sich vollzogen: Jacques' Hoffnung wird als Illusion entlarvt, und die Leidenschaft gibt sich als Leidensweg zu erkennen.

Jacques mangelt es an Eigengewicht; er schätzt sich gering, ist unsicher. Was ihn im Innersten an die Welt bindet, ist zugleich das, was ihn von ihr trennt: Sein Traum einer intensiven, leidenschaftlichen Schönheit läßt ihn Wesen wie die Geschwister d'Ybréo oder Germaine ersehnen, Wesen, deren Prototyp später in dem *Weißbuch* und in *Kinder der Nacht* der Schüler Dargelos verkörpern wird. Diesem Traum fühlt er sich nicht gewachsen, nicht fähig, ihn im Leben einzuholen. Jacques' Wunschbild steigt aus seiner »Schattenhälfte« empor: Von ihr erwartet er sein Heil, von ihr hat er gleichzeitig die tödliche Bedrohung zu befürchten, da sein Begehren stets enttäuscht wird. Cocteau wollte ursprünglich dem Roman den Titel »La Moitié d'ombre«, »Die Schattenhälfte« geben und so die bestimmende Kraft unterstreichen, die er, in diesem Punkt mit den Surrealisten einig, der dunklen Seite des Bewußtseins zuspricht. Jacques' nachdrücklich betonte Herzensreinheit besteht Cocteau zufolge gerade darin, sich ganz dem Schicksal, das seine »Schattenhälfte« bergen soll, zu ergeben, ohne Rücksicht auf Verluste dem faszinierenden Traum der Leidenschaft zu gehorchen. Damit steuert die Geschichte auf die Tragödie zu. Die Wirklichkeit erweist sich als unvereinbar mit den Ansprüchen des Helden; Jacques kapituliert, ohne sich aber den Spielregeln der feindlichen Realität anzupassen: Er flüchtet in den Drogenrausch, sucht darin den Tod. Wenn Cocteau für diesen Roman aus seiner Vergangenheit schöpft, so eilt hier die Fiktion der Wirklichkeit voraus. Etwa zwei Jahre nach Niederschrift des Romans wird der Autor ähnlich auf den Verlust eines Geliebten reagieren. Als im Dezember 1923 Raymond Radiguet an Typhus stirbt, sucht Cocteau im Opiumrausch Linderung seines Schmerzes. Wie nicht zuletzt die Schilderung des

Rausches in der *Großen Kluft* bezeugt, hat er auch vorher schon Drogen genommen. Der massive Opiumgenuß jedoch scheint erst nach Radiguets Tod einzusetzen. Fast zwanzig Jahre wird er der Droge, mit Unterbrechungen, die Treue halten, und auch in späteren Jahren hat er, wohl in geringerem Maße, wieder zu ihr gegriffen.

Jacques wird indes nicht wirklich zu einer der typischen tragischen Gestalten der Cocteauschen Ästhetik. Sein Wunschbild der Liebe hat nämlich noch nicht die Reinheit der poetischen Illusion erreicht, der »Thomas der Schwindler« verfällt, hat sich noch nicht so selbstgenügsam von der Welt abgespalten wie der »Geist des Zimmers«, in dessen Bann das Geschwisterpaar der *Kinder der Nacht* lebt. Das Ungenügen, das Jacques an der Welt empfindet, ist noch nicht vollends in die selbständige Gestalt einer lockenden Chimäre geschlüpft. Zu sehr sieht man, daß er gerade an seiner mangelnden Verankerung in der Realität leidet, sich aber zumindest das Problem stellt, seine Wünsche mit der Realität zu konfrontieren, und sie nicht gleich gegen die rauhe Wirklichkeit immunisiert. So bleibt das Ende hier offen und bietet nicht, wie die meisten späteren Arbeiten Cocteaus, das verklärende Schauspiel eines tragischen Untergangs.

Bleiben die zwei Lehren, die in den letzten beiden »Blöcken« dieses Romans Jacques auf seinem Weg ins Offene mitgegeben werden: einmal, fester Fuß zu fassen in der Welt, um feste Umrisse sich zu bemühen; zum andern der genau entgegengesetzte Befund, daß er einer über der Wirklichkeit schwebenden Sphäre entstamme, nämlich einem Engel gleiche, der für seine Herzensbedürfnisse hienieden keine Gestalt anzunehmen weiß. Das Dilemma wird damit zum Schluß formuliert und unaufgelöst aufrechterhalten: Der Mangel an Wirklichkeit dieses »reinen«, von seinen Wünschen besessenen Träumers wird als bedenklich gezeigt, zugleich jedoch als vermutlich unvermeidbar, da sein Traum einer höheren, einer besseren Sphäre angehöre. Der Weg ins Offene entpuppt sich als Falle. In seinem späteren Werk wird Cocteau konsequent einen Schritt weiter gehen, die selbstgelegte Schlinge zuziehen und den ausweglosen Gegensatz hinter sich lassen: Das Scheitern in der Wirklichkeit wird anerkannt und zum Ausgangspunkt der Ästhetik erklärt; deren Scheinwelt tritt ausgleichend neben die Wirklichkeit, simuliert sie in einer Weise, daß der funkelnde Glanz zu Vergnügen und Erbauung an dem obligaten Leichenbegängnis tauge.

Dem Engel, nebenbei bemerkt, der sich in den letzten Zeilen der *Großen Kluft* ankündigt, wird man in Cocteaus Werk noch häufig begegnen; speziell in der Verkleidung als Glaser etwa erscheint er unter dem Namen Heurtebise 1926 auf der Bühne und geleitet Orpheus in den Himmel der Poesie.

Ein aufschlußreiches Licht auf die in der *Großen Kluft* verarbeiteten autobiographischen Begebenheiten wirft die Lektüre des *Weißbuchs (Le Livre blanc)*.

Jacques' Vater quäle derselbe Dämon wie seinen Sohn, verkündet dunkel der Roman. *Das Weißbuch* löst, obgleich es die Spuren zu verwischen sucht und anstelle des Vaters die Mutter sterben läßt, das Geheimnis auf: Er leide an seiner Homosexualität, der er nicht nachzugeben wage. Ob das auf den wirklichen Vater des Autors zutrifft, ist ungeklärt; Cocteau hat es stets vermieden, von seinem Vater und den Umständen seines Todes zu sprechen.

Die Liebesgeschichte mit Madeleine Carlier findet sich hier in Kurzform und mit verändertem Namen: Aus Germaine wird Jeanne. Der Autor muß feststellen, daß er, versucht er Frauen zu lieben, den verkehrten Weg einschlägt, wider seine Natur handelt. Es könnte sich also eine weitere, eine dritte Bedeutung unter dem französischen Titel des Romans verstecken: Die heterosexuelle Liebe ist für Jacques ein »écart« im Sinn eines Fehltritts, einer Abweichung vom wahren, dem homosexuellen Weg der Liebe.

Cocteau hat in seinen Veröffentlichungen stets seine Homosexualität ein wenig kaschiert. So sind die Gedichte des *Plain-Chant* an eine Geliebte gerichtet, obwohl allen klar war, daß der wahre Adressat Raymond Radiguet hieß. *Das Weißbuch* nun ist 1928 ohne Angabe des Autors und des Verlags in 21 Exemplaren als Luxusausgabe erschienen; aber in Literaturkreisen war der Name des Verfassers kein Geheimnis. 1930 folgt eine höhere Auflage, die Cocteau mit 18 Zeichnungen illustriert (die vorliegende

Ausgabe kann aus verlagsrechtlichen Gründen nur 9 davon vorstellen); unter die Zeichnungen setzt er jetzt seinen Namen und zollt dem Text Beifall, beläßt ihn jedoch weiterhin in seiner äußerst durchsichtigen Anonymität.

Wie Radiguets Romanprojekte Cocteau dazu angeregt haben, ähnliches zu versuchen, so steht auch am Ursprung des *Weißbuchs* ein Buch seines damaligen Freundes: Jean Desbordes hat soeben mit *J'adore* (Ich bete an) eine stark sinnliche, zu einer unorthodoxen, schwärmerischen Religiosität sich aufschwingende Bekenntnisschrift vorgelegt. Cocteau nimmt sich daran ein Beispiel und schreibt im Dezember 1927 in Chablis eine sich aus seiner eigenen Biographie nährende Initiation in die homosexuelle Liebe.

Das Weißbuch erscheint in dieser Werkauswahl, weil es unverhüllt die ungeheure Bedeutung zeigt, die in Cocteaus Werk der Sexualität zukommt; zahlreiche Themen, die Cocteau anderswo entwickelt, werden hier angeschnitten und geben den Blick auf ihren homosexuellen Hintergrund frei.

In der Eingangsszene wird eine in Cocteaus Mythologie immer wiederkehrende Figur als umwerfendes sexuelles Erlebnis dargestellt: Der Pferdemensch oder das Pferd findet sich über sein gesamtes Werk verstreut, vom Theaterstück *Orpheus* (1925) über das Wunderpferd des Films *Die Schöne und das Tier* (1945) bis hin zu seinem letzten Film, *Das Testament des Orpheus* (1959); gewiß schwingt dabei auch der Gedanke an Pegasus, das geflügelte Pferd der Poesie, mit.

Ein ähnliches Erlebnis verbindet die zweite Szene mit dem Thema der Zigeuner, des fahrenden Volks, dem man etwa in dem Theaterstück *Les Parents terribles* (Die schrecklichen Eltern), dem *Testament des Orpheus* oder auch in einem Gedicht aus *Opéra, Les Voleurs d'enfants* (Die Kinderdiebe), wiederbegegnet.

Im *Weißbuch* trifft man zum ersten Mal auf Cocteaus Musterbild männlicher Schönheit, den Schüler Dargelos, dessen Kult sich der Autor in *Das Blut eines Dichters* und vor allem in *Kinder der Nacht* verschreiben wird.

»Keinglück« zeugt von der Anziehungskraft, die die Matrosen auf Cocteau ausübten. Sie schlug sich in vielen seiner Gedichte nieder. Bei seinen häufigen Aufenthalten an der Côte d'Azur hatte er reichlich Gelegenheit, mit ihnen zu verkehren; auch »Keinglück« läßt sich ein wirklicher Name geben, ein Liebesabenteuer des Autors stand da Pate.

In der Gestalt des H. vermischen sich das Bild seines Freundes Jean Desbordes und die Erinnerung an den verstorbenen Raymond Radiguet, erklärt Milorad, ein Freund und Kommentator Cocteaus, auf den sich meine Erläuterungen zu diesem Buch in weiten Teilen stützen.*

Abschließend möchte ich noch auf die Verwendung des in Cocteaus Werk so zentralen Spiegelmotivs aufmerksam machen. In ihm sammeln sich wie in einem Brennglas die literarischen Absichten des Autors. Im *Weißbuch* begegnet Narziß seinem lebendig gewordenen Spiegelbild, das ihm als Fremder gegenübertritt und ihn zum Liebesspiel einlädt. Voyeur solchen nun literarischen Spiels und darüber zum Komplizen und Double des Autors zu werden, dazu will diese kleine unverblümte Bekenntnisschrift den Leser verführen. In der *Großen Kluft* lockt der Spiegel, mit sich so tief zu verschmelzen, in seine »Schattenhälfte« hinabzutauchen, daß man das störende Bewußtsein seiner selbst verlöre. Was in diesem Roman noch als unmöglich gilt, an der harten Oberfläche der Wirklichkeit scheitert, hat Cocteau in der Folge wahr gemacht: In *Orpheus*, in *Das Blut eines Dichters* bedeutet der Sprung in den Spiegel, entschlossen der Außenwelt den Rücken zu kehren und aus dem inneren Schattenreich der Poesie die Kunde von der chimärischen Engelsgestalt einer ewig verschleierten Wahrheit mitzubringen.

* Siehe Milorad: *»Le Livre blanc«, document secret et chiffré*. In: Cahiers Jean Cocteau n° 8, Paris, 1979 – Wer Genaueres über Cocteaus zeitweilige Hinwendung zur Religion wissen möchte, die auch im *Weißbuch* Erwähnung findet, sei auf seinen *Brief an Jacques Maritain* verwiesen, abgedruckt in dem Band »Kritische Poesie I« dieser Ausgabe.

BIBLIOGRAPHISCHE HINWEISE

Erstausgaben und Übersetzungen der Werke dieses Bandes:

— *Le Grand Ecart,* Paris, Stock, 1923.
deutsche Übersetzungen:
Die große Kluft, aus dem Französischen von Niko Karaponsca; Wien: Stein, 1924.
Herz unmodern, aus dem Französischen von Friedrich Hagen; Braunschweig: Kleine, 1951, sowie, unter dem Titel *Der große Sprung,* München: List, 1956.

— *Le Livre blanc,* Paris, 1928; ohne Angabe des Autors und des Verlags (es handelt sich um den kleinen Verlag Editions des Quatre Chemins). Dann, nach wie vor anonym, aber erweitert um ein Titelblatt, eine handschriftliche Seite und 17 Zeichnungen von Jean Cocteau, Paris: Editions du Signe, 1930.
Neuausgabe: *Le Livre blanc,* suivi de 14 textes érotiques inédits, illustré de dix-huit dessins (mit einem Vorwort von Milorad), Paris: Persona, 1981. (Eine um 4 Zeichnungen erweiterte Ausgabe ist bei dem Verlag Morihien, Paris, 1949 erschienen. Die Ausgabe der Editions de Messine, Paris, 1983, bietet statt der 18 ursprünglichen Zeichnungen 43 bislang unveröffentlichte erotische Zeichnungen.)
deutsche Übersetzung: *Das Weißbuch,* aus dem Französischen von Karsten Witte; erstmals Berlin: Albino, 1982. (Diese Ausgabe bei Albino enthält die Illustrationen der französischen Ausgaben von 1930 und 1949.)

Ausgewählte Literatur:

Zur Biographie:

— Frederick Brown: *An Impersonation of Angels*, New York, 1968. Deutsche Übersetzung: *Ein Skandal fürs Leben*, Bern/München, 1980.
— André Fraigneau: *Cocteau par lui-même*, Paris, 1957. Deutsche Übersetzung: *Jean Cocteau in Selbstzeugnissen und Bilddokumenten*, Reinbek, 1961.
— Jean-Jacques Kihm/Elizabeth Sprigge/Henri C. Béhar: *Jean Cocteau. L'homme et les miroirs*, Paris, 1968. Deutsche Übersetzung: *Jean Cocteau. Sein Leben – ein Meisterwerk*, bearbeitet von Friedrich Hagen, München/Wien/Basel, 1970.
— Francis Steegmüller: *Cocteau. A Biography*, Boston/Toronto, 1970. Französische Übersetzung: *Cocteau*, Paris, 1973.

Zum Werk:

— Jacques Brosse: *Cocteau*, Paris, 1970.
— Jean Cocteau: *Entretiens avec André Fraigneau*, Paris, 1965.
— Cesare Colletta: *Su »Le Livre blanc« di Cocteau*. In: Esperienze letterarie, IX, 3, Juli–Sept. 1984; S. 111–123.
— Francis Coulon: *»Le Grand Ecart«, arcanes et cachotteries*. In: Cahiers Jean Cocteau n°8: *Le Romancier*, Paris, 1979; S. 45–62.
— Lydia Crowson: *The Esthetic of Jean Cocteau*, New Hampshire, 1978.
— Henri Godard: *Un romancier pressé*. In: Magazine littéraire, n°199, Oktober 1983 (Dossier Jean Cocteau); S. 25–29.
— Milorad: *Romans jumeaux ou de l'imitation*. In: Cahiers Jean Cocteau n°8: *Le Romancier*, Paris, 1979; S. 87–107.
— Milorad: *»Le Livre blanc«, document secret et chiffré*. In: Cahiers Jean Cocteau n°8: *Le Romancier*, Paris, 1979; S. 109–131.
— Gérard Mourgue: *Cocteau*, Paris, 1965.

Weitere Literatur zu Cocteau findet sich in der Bibliographie des Bandes »Kritische Poesie IV« dieser Ausgabe.

VERZEICHNIS DER ABBILDUNGEN

Alle Zeichnungen von Jean Cocteau.

ZU DIESER AUSGABE DER WERKE JEAN COCTEAUS

Nachdem in den fünfziger und zu Beginn der sechziger Jahre mehrere Arbeiten Jean Cocteaus ins Deutsche übersetzt und hierzulande veröffentlicht wurden, ist es in Deutschland, bis auf eine zweibändige Auswahl, die 1971 in der DDR erschien, um diesen einst so erfolgreichen Autor ziemlich still geworden. Die Ausgabe, deren ersten Band Sie eben in Händen halten, will nun einen Querschnitt durch sein umfangreiches und vielgestaltiges Werk versuchen. An eine Gesamtausgabe ist also nicht gedacht. Ebensowenig wird es sich dabei um eine »kritische« Ausgabe handeln, die den verschiedenen Textvarianten nachspürt und in zahlreichen Anmerkungen die Verweise und Anspielungen des Textes entschlüsselt. Doch jeden Band begleitet ein Nachwort des Herausgebers, das knapp den Platz der jeweiligen Werke in der Zeit und in Cocteaus Schaffen umreißt und einige Gedanken zu ihrem Verständnis entwickelt; zusammen mit den Literaturhinweisen und der Übersicht über Leben und Werk dürfte so jedem, der sich für eine vertiefte Beschäftigung mit Cocteau interessiert, ein guter Ausgangspunkt gegeben sein. Im Anschluß an diese Zeilen findet sich außerdem eine einleitende Betrachtung, die Cocteaus Ästhetik zusammenfassend durchleuchtet. Eine ausführliche Bibliographie der Werke Cocteaus und eine Liste mit Sekundärliteratur sind dem letzten Band dieser Ausgabe, mit dem Untertitel »Kritische Poesie IV«, beigegeben.

Es soll hier dem deutschsprachigen Leser eine repräsentative Auswahl und zugleich das Beste von Cocteau geboten werden. Was das nun ist, darüber wird sich, hat doch jeder andere Vorlieben, vermutlich keine endgültige Einigung erzielen lassen. Ich unterbreite Ihnen also einfach meinen Vorschlag und hoffe, daß er Sie überzeugen kann.

Drei Bände stellen das erzählerische Werk vor. Dem vorliegenden ersten Band mit der *Großen Kluft* und dem *Weißbuch* folgen in »Erzählende Prosa II« der Roman *Thomas der Schwindler,* in dem Cocteau sein Erlebnis des Ersten Weltkriegs literarisch verarbeitet, und, erstmals in deutscher Sprache, die kurze Erzählung *Das Phantom von Marseille. Kinder der Nacht (Les Enfants terribles),* Cocteaus wohl berühmtester Roman, erscheint gesondert als »Erzählende Prosa III«.

Zwei Bände sind dem Theater gewidmet. »Theater I« enthält das frühe avantgardistische Tanztheater *Die Hochzeit auf dem Eiffelturm* sowie *Orpheus* und *Die Höllenmaschine,* zwei Stücke, die sich frei antiker Mythen bedienen. »Theater II« vereint das viel gespielte Solostück *Die geliebte Stimme* und das für Cocteaus Ästhetik so bezeichnende Melodram *Der Doppeladler.*

Manchem ist Cocteau vielleicht vor allem als Filmemacher bekannt: *Das Blut eines Dichters, Die Schöne und das Tier* und *Orphée* sind schon Klassiker geworden, die der Filmband dieser Ausgabe präsentiert. Die Drehbücher der beiden erstgenannten Filme liegen hiermit erstmals auf Deutsch vor.

Cocteau hat sich, in welchen künstlerischen Gattungen er sich auch versuchte, immer in erster Linie als Dichter gefühlt. Zwei Bände geben Einblick in seine dichterische Produktion im engeren Sinn: Im ersten Band finden sich, nur mit geringfügigen Auslassungen, die Gedichte aus *Opéra* und *Plain-Chant (Choral);* in »Gedichte II« habe ich unter dem Titel *Spiegelschriften* eine Auswahl aus dem gesamten restlichen dichterischen Werk getroffen, von *Discours du grand sommeil* (Rede vom großen Schlaf) aus der Zeit des Ersten Weltkriegs bis hin zu *Le Requiem,* das ein Jahr vor dem Tod des Autors veröffentlicht wurde. Die Gedichte erscheinen in dieser Ausgabe übrigens zweisprachig, französisch und deutsch.

Die letzten vier Bände sind den Essays und Erinnerungen vorbehalten, dem, was Cocteau selbst als »Kritische Poesie« bezeichnet hat. »Kritische Poesie I« versammelt unter dem Obertitel *Das Berufsgeheimnis* sechs Texte zur Kunst, die bisher zum Teil noch nicht ins Deutsche übersetzt waren: Der programmatische Aufsatz *Das Berufsgeheimnis* und der Artikel *Barbette,* in dem Cocteau die Vorstellung eines Transvestiten und Trapezkünstlers bespricht, klären über sein Kunstverständnis auf; *Zu Thomas dem Schwindler* sind einige Randbemerkungen zu seinen beiden ersten Romanen betitelt; der *Brief an Jacques Maritain* erhellt Cocteaus kurzzeitige Annäherung an den Katholizismus; *Das weltliche Geheimnis* beschwört die Atmosphäre der frühen Bilder de Chiricos herauf, und in der Rede *Die römische Improvisation* spricht Cocteau über seinen Freund Pablo Picasso. »Kritische Poesie II« bietet das »Tagebuch einer Entziehungskur« *Opium* mit allen Zeichnungen der Originalausgabe. »Kritische Poesie III« enthält die Mitte der vierziger Jahre entstandenen autobiographischen Betrachtungen über Kunst und Leben *Die Schwierigkeit, zu sein.* Für den Band »Kritische Poesie IV« schließlich habe ich Auszüge aus den *Farben der Erinnerung (Portraits-Souvenir)* zusammengestellt. Cocteau skizziert hier mit leichter Hand und poetischem Blick die Eindrücke seiner Kindheit und seiner Jugend; zahlreiche Zeichnungen des Autors begleiten den Text. Den Band beschließt *Der Lebensweg eines Dichters,* in dem Cocteau eine kurze Rückschau über sein Leben und seine Arbeit als Künstler hält.

Mit Ausnahme der Gedichtbücher sowie der *Farben der Erinnerung* und abgesehen von einer kleinen Auslassung in dem *Lebensweg eines Dichters,* um eine Wiederholung zu vermeiden, gibt diese Ausgabe alle Texte in ihrer vollständigen Fassung. Die Illustrationen sollen, über bloßen Schmuck hinaus, eine weitere Seite von Cocteaus Schaffen dokumentieren und einen Blick auf sein graphisches Werk ermöglichen.

Soweit bereits deutsche Übersetzungen der ausgewählten Werke vorlagen, habe ich in der Regel auf sie zurückgegriffen und sie gegebenenfalls leicht überarbeitet; die Gedichte wurden, bis auf zwei, neu übersetzt. Es ist damit eine recht stattliche Zahl an Übersetzern zusammengekommen, die nun alle für den deutschsprachigen Leser hinter dem Namen Cocteau ihr Wesen treiben. Mir schien dieses Risiko, angesichts der Qualität der Übersetzungen, jedoch tragbar, zumal sich ja auch nicht ohne weiteres zwei oder drei Übersetzer finden lassen, die willens und imstande sind, die gesamten zwölf Bände mindestens ebenso gut zu übertragen. Überdies mag man sich vor Augen führen, daß eine durchgängig stilistisch einheitliche Übersetzung gleichfalls nicht mehr als ein scheinhaftes Äquivalent erstellen kann. Statt nur einer Version, deren sprachliche Parteilichkeit dann freilich leicht verborgen bleibt, werden dem Leser hier verschiedene Übertragungen eines literarischen Stils vorgeschlagen. Sprachliche Unterschiede verdanken sich darüber hinaus keineswegs immer der Willkür der Übersetzer, hat doch Cocteau selbst schließlich nicht sein Leben lang unverändert dieselbe Sprache beibehalten. Da nun allerdings stets zu entscheiden, welche Abweichungen dem Autor selbst und welche dem Übersetzer zuzuschreiben sind, wird, wie ich gestehen muß, dem Leser doch schwerfallen; wer wirklich in allen Details den Stil eines Autors unter die Lupe nehmen will, kommt um die Lektüre des Werks in der Originalsprache nicht herum.

EINIGE BEMERKUNGEN ZUR ÄSTHETIK JEAN COCTEAUS

Jean Cocteau stand lange Zeit im Rampenlicht des kulturellen Geschehens in Frankreich. Gegen Ende seines Lebens überhäuft man ihn geradezu mit Ehrungen; er, dem einst der Ruch des Skandalösen und unseriöser Eleganz anhaftete, wird zu einem der Gralshüter französischer Kultur erhoben, als ihn 1955 die Académie française in ihre Reihen aufnimmt. Doch seine Glanzzeit fällt zweifelsohne in den Umkreis der zwanziger Jahre. Nicht nur mit seinem eigenen Werk, vor allem auch als Mittler hatte er damals Anteil an der Entwicklung der modernen Kunst dieses Jahrhunderts: Er kannte jedermann, verkehrte etwa mit Guillaume Apollinaire, Blaise Cendrars, Max Jacob und André Gide, stritt sich mit den Dadaisten und Surrealisten, er flocht Verbindungen zwischen Künstlern unterschiedlicher Gebiete und Orientierungen, arbeitete mit Pablo Picasso, Erik Satie, Igor Strawinsky und den Komponisten des »Groupe des Six«. Später, in den vierziger und fünfziger Jahren, wird er insbesondere mit Filmen wie *Die Schöne und das Tier* oder *Orphée* ein breites Publikum erreichen, und bis zu seinem Tod 1963 kann er sich des Interesses der Öffentlichkeit gewiß sein.

Cocteau, das Chamäleon, Cocteau, der Ungreifbare – so hat man ihn wohl oftmals mit einer Spur von Ratlosigkeit gesehen. In der Tat gibt es kaum eine Sparte der Kunst, die seine ungeheure Produktivität nicht berührt hätte: Er schrieb Gedichte, Theaterstücke, Romane, verfaßte Essays und Zeitungsartikel, drehte mehrere Filme, zeichnete, malte, arbeitete für das Ballett und trat gelegentlich als Schauspieler auf; nicht genug damit, entwarf er im letzten Jahrzehnt seines Lebens Wandteppiche, schmückte Kapellen aus und töpferte. Ein wahrer Tausendsassa also, der allgegenwärtig über die kulturelle Bühne seiner Zeit tänzelte. Mit sicherem Gespür wußte er Anregungen aufzugreifen und seinen ästhetischen Vorstellungen anzuverwandeln – seine Gegner hielten es ihm als Mangel an eigener Substanz vor, schmähten ihn als Plagiat eines Poeten. Stets wollte er in vorderster Front stehen, immer von neuem Zuschauer und Leser mit seinen Sprüngen verblüffen: Der leicht vom Dadaismus inspirierte Autor der *Hochzeit auf dem Eiffelturm* wechselt zu den wohlgesetzten »klassischen« Versen des *Plain-Chant;* neben der surrealen Tragikomödie *Orpheus* steht der realistische Einakter *Die geliebte Stimme;* seine Themen reichen von den Mythen der Antike über den Gral und die Legende Ludwigs II. von Bayern bis zu den Schützengräben des Ersten Weltkriegs und dem Telephon. Während die einen dieser Vielgestaltigkeit seines Werks mit Bewunderung begegneten, lästerten andere, das könne ja nicht gutgehen, wenn ein Künstler überall seine Finger im Spiel haben möchte. Doch auf welchem Gebiet er sich auch gerade versuchte – Cocteau widmete sich ihm stets mit ganzer Kraft und Konzentration. Schwerpunkt seiner künstlerischen Tätigkeit blieb dabei die Arbeit als Schriftsteller.

Hinter all den verschiedenartigen Formen seines literarischen Werks steht ein Programm, das ihm Einheit verleiht: Cocteau will das Wunderbare in der Welt entdecken, will die Macht der Poesie beschwören und sie als Geheimnis des Lebens zeigen.

Liebe, Tod und Traum bilden die Pole, in deren Spannungsfeld die meisten seiner Werke sich bewegen; die Poesie selbst schließlich ist ihm die Quintessenz dieser Themen und oberster Gegenstand seiner Kunst. Besonders an die Romantik erinnert Cocteaus Verständnis von Dichtung. In seinem Universum ist die Liebe stets dem Tod verfallen; ihr Glücksversprechen bleibt Illusion. Ihre Tragik kündet davon, daß den Wünschen die Erfüllung versagt ist. Die Poesie spricht das aus und überwindet zugleich diese Schranke; nicht bloßes Scheitern bedeutet ihr der Tod, sondern er wird zum Eingangstor, durch das man sich der Wahrheit des Menschen nähere: sein Streben nach Lebensfülle treibe ihn über die Wirklichkeit hinaus, einem ortlosen Jenseits zu. Vom Tod zurück allerdings kehrt die Liebe nur im imaginären Traumreich der Poesie. Cocteaus Kunst zähmt den Tod, indem sie ihm den Hof macht.

Das Wunderbare, das sie fassen möchte, scheint aus einem traumähnlichen, wie traumwandlerischen Zustand zu erwachsen. Im Traum werden normalerweise geschiedene Sphären verquickt, Phantastisches wirkt natürlich. Der halb Erwachende bewahrt einen Eindruck von der Fremdartigkeit dieser Bilder und fühlt sich ihnen doch im Innersten verbunden. Solch einem Dämmern zwischen Schlaf und Wachen hat Cocteau oftmals die Tätigkeit des Dichters verglichen. Cocteau versucht nun nicht, Träume im eigentlichen Sinn darzustellen. Er beruft sich auf die unwillkürlich sich aufdrängende Macht der Vorstellung, ohne indes eine »automatische Schreibweise« zu pflegen, wie sie die Surrealisten bisweilen vertraten. Seine Kunst simuliert den Traum insofern, als sie die Wirklichkeit in einer schwebenden Zwischenwelt bannt, der meist der Absturz droht. Nicht nur die surrealen Bilderfolgen des Films *Das Blut eines Dichters* oder die traumverwobene Welt vieler Gedichte in *Opéra* – fast alle seiner Arbeiten handeln in allgemeinerem, übertragenem Sinn von der Herrschaft des Traums; auch in den realistischen Romanen *Kinder der Nacht* und *Thomas der Schwindler*, in Theaterstücken wie *Der Doppeladler* und *Die Höllenmaschine* leben die Helden in einem Bewußtseinszustand, der sich von der Realität gelöst hat und ihren Wünschen entspringt. Wie sehr Cocteau solch in sich selbst versunkenes Bewußtsein fasziniert hat, zeigt nicht zuletzt sein massiver Opiumgenuß in den zwanziger und dreißiger Jahren.

Den praktischen, am Handeln orientierten Zusammenhang des Alltagslebens zu zerreißen und die Dinge in einem subjektiven Magnetfeld neu zu ordnen, ist für Cocteau der elementare poetische Akt; von ihm spricht sein Werk in vielfältigen Variationen. So durchtränkt die Liebe die Welt und läßt ihren schwarz funkelnden Stern aufgehen. Die Sehnsüchte und Ängste ergreifen von der Wirklichkeit Besitz, um sie nach ihrem Bild zu verformen. Als Inbegriff einer naturwüchsigen poetischen Einstellung betrachtet Cocteau die Kindheit, die sich ganz in ihr Spiel versenkt und die Welt mit magischen Einflüssen beseelt. Ihr trauert der Dichter nach. Die *Kinder der Nacht* insbesondere sind ihr gewidmet, und helle Spuren ihres vertrauten Lichts scheinen aus dem leichten Ton der Gedichte der Sammlung *Poésies*. Doch gewöhnlich zieht Unheil herauf, wenn sich seine Helden über die Grenzen der Wirklichkeit hinwegsetzen. Cocteau bewundert diese Gestalten, die ohne Rücksicht auf Verluste einem inneren Drang folgen, sich in den Strudel ihrer Gefühle und Einbildungen stürzen; sie hängen ganz einer Chimäre an, stellen blind und unerbittlich einer widerspenstigen Realität das Traumbild ihrer Wünsche entgegen. Aber Cocteau weiß, daß solche Haltung an der Realität zerbrechen muß. Er ist kein Phantast und verliert, so sehr er auch den Gespinsten des Innern huldigt, letztlich nie aus dem Auge, daß es um die Wirklichkeit anders bestellt ist. Eine Ästhetik, die diese Differenz auslöschte, verblaßte für ihn im bloß Erfundenen ohne Reiz und ohne Spannung. Seine Romane, seine Theaterstücke verklären den Untergang der radikalen Träumer zur Tragödie einer überbordenden Subjektivität, die in der profanen Welt keinen Platz findet. Diese »spontanen Poeten« verschlingt ihr eigener Zauber. Verschmilzt man mit dem Erdichteten, verschreibt man sich mit Haut und Haar einem unbändigen Begehren, so fällt man aus der Wirklichkeit. Nur die Dichtung, die sich tatsächlich als solcher bewußt wird, entgehe dem Verhängnis; sie schafft der überschießenden Kraft der Wünsche einen Spielraum, in dem sie sich nicht selbst verzehren.

In der Darstellung des Scheiterns macht sich bei Cocteau die Dichtung selbst zum Gegenstand, handelt von ihren eigenen Grundlagen; so nannte er die *Kinder der Nacht* einen Roman über einen Roman, über den, den das Geschwisterpaar dieses Buchs unmittelbar lebt. Seine Dichtung deutet eigens auf ihr unwirkliches Wesen, ist aber ganz in sich selbst verliebt und verherrlicht im tragischen Schauspiel das poetische Bewußtsein. Solcher Selbstbezug spricht auch aus dem Spiel mit fest etablierten ästhetischen Formen und Figuren; die Mythen der griechischen Antike erwachen zu neuem Leben, besonders Orpheus natürlich, Musterbild dichterischer Macht, bietet sich an, und die Helden des *Doppeladlers* übernehmen geradezu mit Vorsatz die Rollen eines romantischen Melodrams. Überdies möchte sich Cocteaus Kunst, indem sie sich selbst bespiegelt, ihrer Authentizität versichern. Immer wieder stimmt sie den Gesang auf ihren eigenen schmerzlichen Entstehungsprozeß an: Der Künstler müsse einem geheimnisvollen inneren Antrieb gehorchen, der unbeherrschbar bleibe. Zahlreiche Gedichte gestalten dies als den Kampf mit den Musen; die Wundmale, die der Dichter davonträgt, sind seine Kunst. Auch die Bilder des Todes, des Traums, des Schlafs meinen oftmals das Dunkel, in das der Dichter hinabzutauchen habe, um daraus die wesentlichen Geheimnisse des Lebens hervorzuholen. Den Diktaten dieser Kraft zu folgen, sei die Pflicht des Künstlers; ohne diese Ethik verdünne sich die Ästhetik zu belanglosem Schnörkelwerk. Der Künstler gewinnt die Statur eines Geheimnisträgers, eines Sehers. Aber die Kunst, die sich hier so wichtig nimmt, schreitet keineswegs gravitätisch einher; in *Orpheus* etwa kleidet sich die Botschaft in ein possenhaftes Mysterienspiel. Der Zauber, dem die Kunst sich weiht, gelingt ja nur dank des Scheins, über den sie souverän verfügt. Sein Reich sichert dem poetischen Bewußtsein erst die Freiheit und erlaubt die Entfaltung seiner spielerischen Natur. Dieser orakelnde Dichter ist zugleich Gaukler, Seiltänzer, der leichtfüßig alle Register seines Könnens zieht und die glanzvolle Inszenierung liebt. Doch wenn Cocteaus Ästhetik selber ihr scheinhaftes Wesen zur Schau stellt, unterstreicht sie nicht nur ihren spielerischen Charakter, sondern hält einem Scheitern die Treue, das an ihrem Ursprung steht: Dem poetischen Traum, den sie zum höchsten Gut erklärt, mangelt es an Wirklichkeit.

Allein, die Funken der Poesie im Leben aufzuspüren, interessiert Cocteau. Daß die gewöhnliche Welt anderen Gesetzen unterliegt, blieb ihm freilich nicht verborgen; das Scheitern seiner Helden, in denen sich die Poesie verkörpert, zeugt davon. Doch um diese Wirklichkeit will er sich nicht kümmern; weder sie zu kritisieren noch sie poetisch zu überhöhen ist seine Absicht. Cocteau hielt nichts von einem Engagement der Kunst in sozialen und politischen Fragen; der Dichter sei ausschließlich den Geboten seines Innern verpflichtet, ihnen habe er ergeben zu dienen. Damit wollte er nicht nur feststellen, daß die Kunst kein taugliches Instrument des politischen Kampfs ist, sondern beteuern, sie sei über dergleichen erhaben und im Grunde viel wichtiger. So entweicht Cocteau in die Sphäre des schönen Scheins und sucht dort sein Heil. Das profane Treiben der Welt wird seiner Bedeutung entleert, es gerät als Nebensache aus dem Blickfeld und bleibt unantastbar. Die praktischen Geschicke der Welt liegen diesem Dichter letztlich außer Reichweite des Menschen. Man müsse sich nun einmal in den Lauf der Dinge schicken; zu meinen, man sei – im Guten oder im Bösen – für ihn verantwortlich, ist Trug und Selbstüberschätzung. Denn in Wahrheit laste auf der Welt ein Schicksal, in dessen dunklem Buch von jeher alle Lebenslinien verzeichnet sind. Die Menschen jagen immer einer Chimäre hinterher, ihre Zielsetzungen erweisen sich als bloßer Schein, und folgerichtig tut sich nicht in der Geschichte, sondern im Reich des Scheins, der Ästhetik, das allein ihnen angemessene Betätigungsfeld auf. Mit dieser Künstlermetaphysik verfabelt Cocteau das schlichte Sich-Dreinfinden zur höheren Notwendigkeit.

Die Bedeutung des Traums, das Bemühen, die Wurzeln der Poesie in der Wirklichkeit auszumachen – vieles verbindet Cocteau mit den Anliegen der Surrealisten. Doch bei ihm mündet das poetische Bewußtsein stets wieder in eine Kunst, die sich selbst genug ist. Daher rühren die heftigen Angriffe der Surrealisten. Denn sie wollten die Poesie gegen die Gesellschaft ins Feld führen, wollten praktische Konsequenzen aus ihr ziehen und schrieben ihr die Sprengkraft umstürzlerischen Handelns zu. Cocteaus Ästhetik fiel als eine Spielart der verhaßten bürgerlichen Kunst unter ihr Verdikt. Cocteau litt wohl darunter, von diesen Künstlern, die er als Geistesverwandte empfand, so verstoßen zu werden. Nach der »heroischen« Zeit des Surrealismus, als sich der Glaube an das revolutionäre Potential der Poesie mehr und mehr zu einer bloßen Kunstrichtung ernüchterte, schlossen viele Surrealisten Frieden mit Cocteau und wurden seine Freunde. André Breton jedoch, ihr oberster Wortführer, konnte ihn, gewiß auch aus persönlichen Gründen, sein Leben lang nicht ausstehen.

Wie die Surrealisten liebte Cocteau den Skandal. Die Surrealisten gebrauchten ihn als Attacke; er sollte den Panzer der bürgerlichen Verkehrsformen durchstoßen und im Tumult der Gefühle Unruhe keimen lassen. Bei Cocteau hingegen fehlt ihm das Aggressive. Mit dem Aufsehen, das er erregt, der Überraschung, der Verwirrung, die er stiftet, wirbt der Autor um Anerkennung für seine Kunst und seine Person; die Provokation hofft auf Applaus. Cocteau wollte gefallen, seine Kunst verbirgt nicht, daß sie auf Genuß zielt, möchte durchaus unterhalten. Man schildert ihn als einen geselligen Menschen, als großzügig und nicht nachtragend; Freundschaft bedeutete ihm sehr viel, und er wurde nicht müde, ihren Wert zu betonen.

Cocteau war das »Enfant terrible« der guten Gesellschaft und des offiziellen Kulturbetriebs. Seine Homosexualität und sein Drogenkonsum umgaben ihn mit dem Nimbus des Unmoralischen. Seiner Vorstellung zufolge steht der Künstler am Rande der Gesellschaft, fast außerhalb; ihre Maßstäbe gelten für ihn nicht, Sitte und Ordnung vergehen vor seinem anarchischen Naturwesen. Doch indem er sich so – rein ideell freilich – von der Gesellschaft fernhält, tut er auch niemandem etwas zuleide; der Skandal bleibt auf sein Werk, seine Person begrenzt, das Ungestüm des Künstlers gerät nicht in Konfrontation mit der Gesellschaft. Nachdrücklich hat Cocteau dem Individualismus gehuldigt: Der Künstler habe sich vor Parteien in jedem Sinne zu hüten, müsse stets gegen die Strömung schwimmen. Pflegt man die Individualität aus Prinzip, gerinnt sie zu einer Rolle. Cocteau ist völlig in ihr aufgegangen und wurde in den Augen vieler seiner Zeitgenossen zur Verkörperung des Künstlertums – eben so verstand er sich auch. Was sonst in der Gesellschaft kaum geduldet wird, ist in der Kunst erwünscht: Hier, abgesondert von den Niederungen des praktischen Lebens, darf sich das Individuum ins Zentrum der Welt stellen; neben die Sphäre, die über die wirklichen Lebensbedingungen entscheidet, setzt Cocteau das Bild einer, wenngleich bedrohten, stets selbstherrlichen Subjektivität. Da solche Souveränität durch Ohnmacht erkauft ist, kann der Künstler die Kappe des Hofnarren nicht ganz verheimlichen. Doch eben der Ernst seines Anspruchs gilt als gesellschaftlich wertvoll: Er ergänzt den Gang der Geschäfte um den Schein einer tieferen Wahrheit.

Cocteau schlug laut die Trommel für die Sache der Kunst. Äußerst gesprächig – manche nannten es rundweg geschwätzig –, nie um Wortgefunkel verlegen, stand er mit seiner ganzen Person für sie ein, Engagement in ihrem Dienst und Selbstdarstellung verschmolzen. Er suchte die öffentliche Resonanz. Zugleich indes beklagt er sich – je älter, desto hartnäckiger –, er erkenne sich in dem Spiegelbild nicht wieder, das ihm die Öffentlichkeit zurückwirft; er fühlt sich unverstanden. Es grämt ihn besonders der Vorwurf der Oberflächlichkeit. Ob man aber gerade den Tiefsinn seiner Künstlermetaphysik zu seinen starken Seiten zählen sollte? Cocteau ist in seinem Element, wenn es um effektvolle ästhetische Konstruktion geht und wenn er den Sog eines sich über die Wirklichkeit schiebenden Denkens und Fühlens beschwört. Mit Geschick versteht er die Aufmerksamkeit des Lesers zu lenken. Die meisten seiner Texte entwickeln hohe Geschwindigkeit, lange Schilderungen behagen ihm nicht. Straff und ungekünstelt wünscht er sich den sprachlichen Ausdruck; die rhetorischen Finten und Kniffe, die seine Prosa aufbietet, sind der doppelte Boden eines klaren Stils, der den Leser umgarnen und mit sich reißen möchte. Kurz soll ein zumeist dunkel strahlender Glanz in die Welt fallen und sich die Faszinationskraft des poetischen Scheins beweisen.

Das poetische Bewußtsein strebt nach einer intimen Übereinstimmung von Wunsch und Welt. Aber das Wunderbare, das Cocteau zeigt, trägt die Spuren des Schreckens; in seiner Kunst schimmert der Tod ins Leben. Ihr Schein bewahrt die Sehnsucht nach Verschmelzung auf und gibt zugleich zu erkennen, daß sie ins Leere stößt. Cocteaus Kunst hat die kindliche Naivität, die sie preist, verloren und sieht sich selbst beim Zaubern zu. Immer wieder führt sie vor, daß ihr Anspruch in der Wirklichkeit keine Geltung besitzt, aber eigentlich gelten müßte. Das soziale Leben, die Welt der praktischen Notwendigkeiten versperre sich dem poetischen Bedürfnis, verfälsche somit die Wahrheit des Menschen, biete nicht mehr als ein Scheinleben, einen Schwindel. Auch findet Cocteau kein Jenseits mehr, das Mensch und Universum harmonisch vereinte. Die Poesie sei eine Religion ohne Hoffnung, sagte er einmal. Zum Statthalter der Wahrheit wird die Kunst, die sich ihres eigenen Schwindels bewußt ist: »Je suis un mensonge qui dit toujours la vérité« (Ich bin eine Lüge, die stets die Wahrheit spricht) – Cocteau zitierte gern diesen Orakelspruch aus *Opéra*. Das Spiel mit einem trügerisch schillernden Schein bleibt die prekäre Rettung seines Wunschs nach einer von Subjektivität durchwirkten Welt. Sein Himmel ist der Maskenball der Kunst mit ihren bald tragischen, bald übermütigen Larven, und als ihr Allerheiligstes feiert sich bei Cocteau die Poesie selbst.

Reinhard Schmidt

LEBEN UND WERK JEAN COCTEAUS: EIN CHRONOLOGISCHER ÜBERBLICK

1889 am 5. Juli in Maisons-Laffitte nahe Paris als Sohn einer wohlhabenden Familie geboren. Seine Mutter, Eugénie Lecomte, stammt aus einer Wechselmakler-Familie, sein Vater, Georges Cocteau, hat eine Zeitlang als Rechtsanwalt gearbeitet und lebt inzwischen von dem Gewinn, den sein Besitz abwirft.

1899 5. April: Jeans Vater begeht aus ungeklärten Gründen Selbstmord.

1900 Eintritt in das Lycée Condorcet in Paris.

1904 Wechsel auf das Lycée Fénelon.

1906 scheitert an der Reifeprüfung, zu einer erneuten Vorbereitung wird er bei einem Privatlehrer in Pension gegeben.

1907 gibt nach dem dritten erfolglosen Versuch, die Reifeprüfung zu bestehen, seine Schulausbildung auf und zieht wieder zu seiner Mutter.

1908 beginnt am mondänen Pariser Gesellschaftsleben teilzunehmen. Der berühmte Schauspieler de Max organisiert eine Lesung der Gedichte des achtzehnjährigen Dandys; Cocteau wird in den »besseren Kreisen« bekannt und beliebt, verkehrt u. a. mit Marcel Proust, Catulle Mendès, der dichtenden Gräfin Anna de Noailles, dem Musiker Reynaldo Hahn.

1909 erste Buchveröffentlichung: der Gedichtband *La Lampe d'Aladin*. Mitbegründer der luxuriösen literarischen Zeitschrift *Schéhérazade*. Lernt den Leiter des Russischen Balletts, Serge Diaghilew, kennen.

1910 Gedichtband *Le Prince frivole*.

1911 Zeichnungen für das Russische Ballett; macht die Bekanntschaft Igor Strawinskys.

1912 Aufführung seines Balletts *Le Dieu bleu*. Gedichtband *La Danse de Sophocle*. Versucht sich André Gide zu nähern; aufgrund Gides ambivalenter Haltung ihm gegenüber werden sich ihre Kontakte stets teils freundschaftlich, teils gespannt gestalten.

1913 Die Uraufführung von Strawinskys Ballettmusik *Le Sacre du printemps* übt auf ihn nachhaltigen Eindruck aus; er distanziert sich von einer oberflächlich gefälligen Literatur, verurteilt seine gesamte bisherige literarische Produktion und wird sie nie mehr zur Veröffentlichung freigeben. Ergebnis dieser künstlerischen Neuorientierung ist das Prosawerk *Le Potomak*, mit dem er fortan die Liste seiner Werke beginnen läßt.

1914 Erster Weltkrieg; vom Kriegsdienst zurückgestellt, zeitweise als freiwilliger Ambulanzhelfer an der Front. Befreundet sich mit dem Flieger Roland Garros, den er auf einigen Flügen begleitet. Gründet mit Paul Iribe das Luxusblatt *Le Mot*, von dem bis zum Juli 1915 20 Nummern erscheinen.

1915 schreibt an Gedichten zu *Le Cap de Bonne Espérance* und *Discours du grand sommeil* (Rede vom großen Schlaf). Pflegt den Umgang mit den Künstlern von Montmartre und Montparnasse, mit Max Jacob, Picasso, Cendrars, Apollinaire, Erik Satie. Gegen Ende des Jahres erneut als Ambulanzhelfer in Nieuport-Coxyde an der belgischen Front.

1916 läßt sich endgültig ausmustern. Arbeitet mit Satie und Picasso an dem Ballett *Parade*.

1917 mit Picasso und Strawinsky in Rom, wo Diaghilew *Parade* vorbereitet. 18. Mai: Die Uraufführung von *Parade* in Paris löst einen Theaterskandal aus.

1918 veröffentlicht das musik- und kunsttheoretische Manifest *Le Coq et l'Arlequin* (Hahn und Harlekin) und macht sich damit zum literarischen Sprachrohr der jungen Komponisten des *Groupe des Six* (Auric, Durey, Honegger, Milhaud, Poulenc, Tailleferre).

1919 lernt den erst sechzehnjährigen Dichter Raymond Radiguet kennen, der bald sein engster Freund wird. Die Zeitung *Paris-Midi* veröffentlicht Cocteaus Artikelserie *Carte*

Blanche über die Pariser Künstlerszene. *Le Cap de Bonne Espérance, Ode à Picasso* und *Le Potomak* erscheinen.

1920 Uraufführung des Mimodrams *Le Bœuf sur le toit* (Der Ochs auf dem Dach), zu dem Darius Milhaud die Musik geschrieben hat. Gründet mit Radiguet die Zeitschrift *Le Coq*, veröffentlicht die Gedichtbücher *Escales* und *Poésies 1917–1920*.

1921 18. Juni: Das Schwedische Ballett führt *Les Mariés de la tour Eiffel* (Die Hochzeit auf dem Eiffelturm) auf. Die Dadaisten stören die Premiere, wie auch in den kommenden zehn Jahren die Surrealisten Cocteau häufig ihre Feindschaft bekunden werden. Verbringt den Sommer mit Radiguet in Le Piquey bei Arcachon und arbeitet dort an seinem programmatischen Essay *Le Secret professionnel* (Das Berufsgeheimnis).

1922 langer Aufenthalt in Le Lavandou und Pramousquier an der Côte d'Azur mit Radiguet; schreibt hier *Le Grand Ecart* (Die große Kluft), *Thomas l'imposteur* (Thomas der Schwindler) und *Plain-Chant* (Choral). Der Gedichtband *Vocabulaire* (Wortschatz) und *Le Secret professionnel* erscheinen. 20. Dezember: Uraufführung von *Antigone*.

1923 Hält am Collège de France die Rede *D'un ordre considéré comme une anarchie*. 12. Dezember: Geschwächt von einem ungesunden Lebenswandel, reichlichem Alkoholgenuß stirbt Raymond Radiguet an einer Typhuserkrankung. *Le Grand Ecart, Thomas l'imposteur, Plain-Chant*, das Gedicht *La Rose de François* und *Dessins*, ein Band mit Zeichnungen, erscheinen.

1924 Uraufführung seiner Shakespeare-Bearbeitung *Roméo et Juliette* und des Balletts *Le Train bleu*. Sammelt den Großteil seines bisherigen dichterischen Werks in *Poésie (1916–1923)*. Von Radiguets Tod schwer getroffen, raucht er regelmäßig Opium. Der katholische Religionsphilosoph Jacques Maritain führt ihn vorübergehend in die Arme der Kirche.

1925 März/April: Entziehungskur auf Drängen Maritains. Sommer: in Villefranche an der Côte d'Azur Arbeit an Gedichten zu *Opéra*, an dem Stück *Orphée* (Orpheus) und der Sophokles-Bearbeitung *Oedipe-Roi* (König Ödipus) sowie an

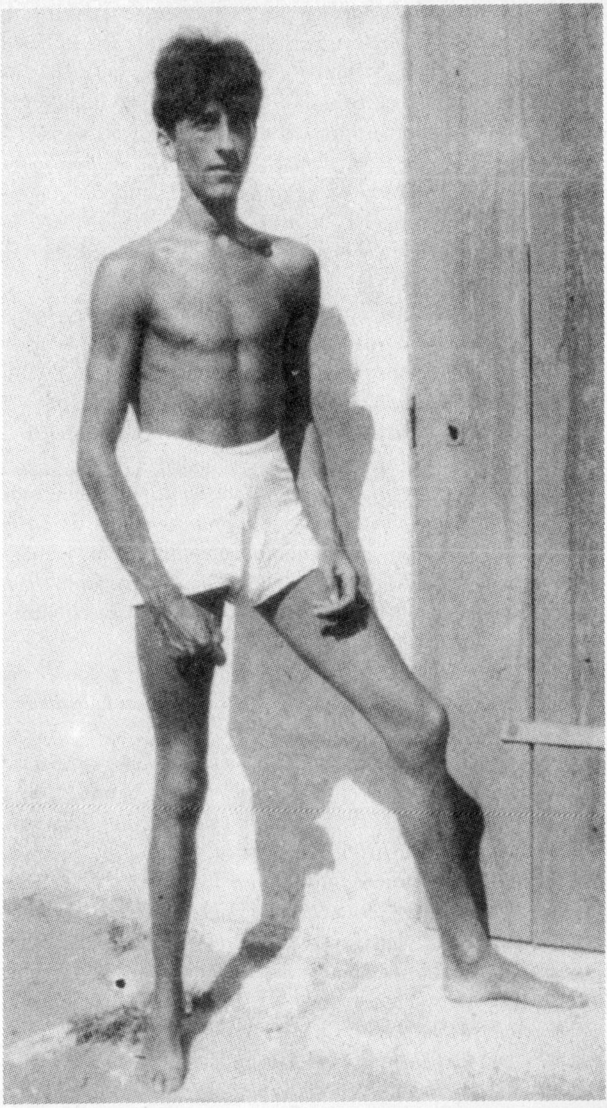

Lettre à Jacques Maritain (Brief an Jacques Maritain). Beginnt wieder Opium zu rauchen. Veröffentlicht die Gedichte *Cri écrit*, *L'Ange Heurtebise*, *Prière mutilée* sowie *Le Mystère de Jean l'oiseleur* (Das Geheimnis von Jean dem Vogelfänger), eine Serie von Selbstporträts mit poetischem Monolog.

1926 15. Juni: Premiere von *Orphée*. Es erscheinen *Le Rappel à l'ordre* mit großteils bereits publizierten essayistischen Texten, die Zeichnungen *Maison de santé*, der Artikel *Le Numéro Barbette* und *Lettre à Jacques Maritain*, das seinen Bruch mit dem offiziellen Katholizismus einleitet.

1927 befreundet sich mit dem jungen Schriftsteller Jean Desbordes. 30. Mai: Strawinskys Oratorium *Oedipus Rex* wird mit Cocteaus ins Lateinische übersetztem Text uraufgeführt. Die Gedichtsammlung *Opéra. Œuvres poétiques (1925–1927)* erscheint. Dezember: schreibt während eines Aufenthalts in Chablis *Le Livre blanc* (Das Weißbuch).

1928 veröffentlicht *Le Mystère laïc* (Das weltliche Geheimnis) und, anonym, *Le Livre blanc*. Ausstellung seiner *25 Dessins d'un dormeur*. Dezember: erneute Entziehungskur, während der er *Les Enfants terribles* (Kinder der Nacht) und *Opium. Journal d'une désintoxication* (Tagebuch einer Entziehungskur) verfaßt.

1929 verläßt im März die Klinik. Veröffentlichung von *Les Enfants terribles* und des Gesprächs *Une entrevue sur la critique avec Maurice Rouzaud*.

1930 15. Februar: Uraufführung des Ein-Personen-Stücks *La Voix humaine* (Die geliebte Stimme) an der Comédie-Française. Dreht den Film *Le Sang d'un poète* (Das Blut eines Dichters). *Opium* wird veröffentlicht.

1931 erkrankt im Sommer in Toulon an Typhus.

1932 erste Vorführung von *Le Sang d'un poète;* schreibt *La Machine infernale* (Die Höllenmaschine). Es erscheint *Essai de critique indirecte* (Versuche), das *Le Mystère laïc* und *Des Beaux-Arts considérés comme un assassinat* (Die Schönen Künste als ein Mord betrachtet) enthält.

1933 Die kurze Erzählung *Le Fantôme de Marseille* erscheint. Im Dezember Entziehungskur. Trennung von Jean Desbordes.

1934 10. April: Uraufführung von *La Machine infernale.*

1935 Von Januar bis Mai erscheinen in der Zeitung *Le Figaro* die Erinnerungsskizzen *Portraits-Souvenir* (Die Farben der Erinnerung). Veröffentlichung der Zeichnungen *60 Dessins pour »Les Enfants terribles«.*

1936 Weltreise mit seinem Freund Marcel Khill, um Jules Vernes *Reise um die Welt in 80 Tagen* zu verwirklichen; die Reportagen erscheinen in der Zeitung *Paris-Soir.* Unterwegs begegnet er Charlie Chaplin, mit dem er Freundschaft schließt.

1937 schreibt Artikel für die von Louis Aragon geleitete Zeitung *Ce Soir.* Bereitet das Comeback des schwarzen ehemaligen Boxchampions Al Brown vor, der im Jahr darauf erneut den Weltmeistertitel erringt. Lernt den jungen Schauspieler Jean Marais kennen, mit dem ihn eine lebenslängliche Freundschaft verbinden wird. 14. Oktober: Uraufführung von *Les Chevaliers de la Table Ronde* (Die Ritter von der Tafelrunde) mit Jean Marais in der Hauptrolle.

1938 14. November: Uraufführung von *Les Parents terribles,* das der Pariser Stadtrat kurzzeitig als sittenwidrig von den öffentlichen Bühnen verbannt.

1939 fährt im Frühjahr mit dem erkrankten Marais nach Le Piquey, wo er *La Fin du Potomak* verfaßt.

1940 17. Februar: Uraufführung von *Les Monstres sacrés.* Edith Piaf spielt seinen kurzen Monolog *Le Bel Indifférent* (Der schöne Teilnahmslose). Zieht sich, als die deutschen Truppen in Paris einmarschieren, nach Perpignan zurück. Neuerliche Entziehungskur. Im Herbst Rückkehr in das besetzte Paris. 5. Dezember: In dem Artikel *Adresse aux jeunes écrivains: les territoires de l'esprit* verteidigt er Gide und die moderne Kunst vor den faschistischen Angriffen.

1941 29. April: Uraufführung von *La Machine à écrire* (Die Schreibmaschine), das von der rechten Presse heftig attakkiert wird. Wegen seiner Homosexualität und seiner angeblich unmoralischen, dekadenten Schriften sieht sich Cocteau während der Besatzungszeit zahlreichen Beschimpfungen und selbst Handgreiflichkeiten ausgesetzt.

Doch er nimmt auch unter der deutschen Besatzung am offiziellen Kulturleben teil und holt die erforderliche Genehmigung zur Aufführung seiner Stücke ein. – Schreibt das Versdrama *Renaud et Armide* und beginnt mit der Publikation der Artikelserie *Le Foyer des artistes*. Die Gedichte *Allégories* und die *Dessins en marge des »Chevaliers de la Table Ronde«* erscheinen.

1942 Sein Artikel *Salut à Breker* anläßlich einer Pariser Ausstellung des im Dritten Reich hochgeschätzten Bildhauers Arno Breker ruft einige Empörung hervor, und nach der »libération« wird sich Cocteau manche Vorwürfe anhören müssen. Er hatte Breker 1920 persönlich kennengelernt und wird ihm später Modell sitzen. – Setzt sich vor Gericht für den des Diebstahls angeklagten Schriftsteller Jean Genet ein und erreicht seinen Freispruch. Beginnt ein (bislang unveröffentlichtes) *Journal sous l'occupation*, ein Tagebuch, das er bis zum April 1945 führt.

1943 20. Januar: Tod seiner Mutter. 28. April: Uraufführung von *Renaud et Armide*. Drehbuch zu dem Film *L'Eternel Retour* von Jean Delannoy. Veröffentlichung des Essays *Le Mythe du Greco*.

1944 Der Dichter Max Jacob, ein alter Freund Cocteaus, wird von den Nazis deportiert; er stirbt an einer Lungenentzündung, ehe Cocteau seine Freilassung erwirken kann. Jean Desbordes wird der Untergrundtätigkeit bezichtigt und von der Gestapo zu Tode gefoltert.

1945 dreht den Film *La Belle et la Bête* (Die Schöne und das Tier) und führt darüber ein Tagebuch, das im folgenden Jahr als *La Belle et la Bête. Journal d'un film* veröffentlicht wird. Langwierige, schmerzhafte Hauterkrankung. Schreibt das Gedicht *La Crucifixion* und die Dialoge zu dem Film *Les Dames du Bois de Boulogne* von Robert Bresson. Das lange Gedicht *Léone* erscheint.

1946 schreibt in den französischen Alpen, wo er sich von seiner Erkrankung erholt, die Gedichte *Neiges* und beginnt den Essayband *La Difficulté d'être* (Die Schwierigkeit, zu sein). 25. Juni: Uraufführung des Balletts *Le Jeune Homme et la*

Mort. 20. Dezember: Premiere von *L'Aigle à deux têtes* (Der Doppeladler).

1947 Roberto Rossellini verfilmt *La Voix humaine* und Pierre Billon Cocteaus Bearbeitung von Victor Hugos Schauspiel *Ruy Blas*. Cocteau selbst verfilmt *L'Aigle à deux têtes*. *La Difficulté d'être* erscheint. Lernt Edouard Dermit kennen, den er später zu seinem Adoptivsohn machen wird. Erwirbt mit Jean Marais ein Haus in Milly-la-Forêt.

1948 verfilmt *Les Parents terribles*. Veröffentlicht *Reines de la France*, das Kinderbuch *Drôle de ménage* und die Gedichtsammlung *Poèmes*. Ende Dezember in New York, um dort seinen Film *L'Aigle à deux têtes* vorzustellen.

1949 Januar: beginnt auf dem Rückflug nach Paris den Essay *Lettre aux Américains* (Brief an die Amerikaner). Frühjahr: begleitet eine Theatertruppe, deren Programm Stücke von Racine, Anouilh, Sartre und ihm selbst umfaßt, auf einer Tournee durch den Nahen Osten, er erzählt diese Reise in *Maalesh*. August: organisiert in Biarritz das erste »Festival du Film maudit«. Dreht im Herbst *Orphée*. Wird zum Ritter der Ehrenlegion ernannt. Unter dem Titel *Théâtre de poche* (Taschentheater) gibt er eine Sammlung kürzerer Stücke heraus. Macht die Bekanntschaft von Francine Weisweiller, in deren Villa an der Côte d'Azur er sich in den kommenden Jahren oftmals aufhalten wird. Jean-Pierre Melville beginnt mit den Dreharbeiten zu *Les Enfants terribles*.

1950 14. Juni: Uraufführung des Balletts *Phèdre* zu Musik von Georges Auric. Schmückt die Villa Santo-Sospir von Francine Weisweiller mit Wandmalereien aus. Sein Film *Orphée* erhält in Venedig den internationalen Kritikerpreis.

1951 Präsident der Autoren- und Komponistengewerkschaft. Beginnt das Tagebuch *Le Passé défini*, das er bis zu seinem Tod führen wird. Dreht den 16-mm-Film *La Villa Santo-Sospir*. 20. Dezember: Uraufführung des Stücks *Bacchus;* es veranlaßt den katholischen Schriftsteller François Mauriac dazu, dem Autor in heftigem Ton Gotteslästerung vorzuwerfen; Cocteau verwahrt sich entschieden dagegen. Veröffentlichungen: *Entretiens autour du cinématographe* (Gespräche über den Film) und *Jean Marais*.

1952 in München erste umfassende Ausstellung des graphischen und malerischen Werks; bei kurzen Aufenthalten in verschiedenen Städten der Bundesrepublik trifft er auf ein interessiertes und enthusiastisches Publikum. Juni: Reise nach Griechenland mit Edouard Dermit und Francine Weisweiller. Die Gedichtbände *Le Chiffre sept* und, gemeinsam mit Georges Hugnet verfaßt, *La Nappe du Catalan* erscheinen.

1953 9. Mai: Uraufführung des Balletts *La Dame à la licorne* in München. Vorsitzender der Jury des internationalen Filmfestivals in Cannes. Erste Reise nach Spanien, das er in den nächsten Jahren mehrmals besuchen wird. *Démarche d'un poète* (Der Lebensweg eines Dichters), der Essayband *Journal d'un inconnu* (Tagebuch eines Unbekannten) und der Gedichtband *Appogiatures* erscheinen.

1954 Aufenthalte in Österreich und Spanien. 10. Juni: Herzinfarkt. Veröffentlicht den Gedichtband *Clair-obscur*.

1955 Januar: Die Académie royale de langue et de littérature françaises de Belgique bestimmt ihn als Nachfolger der 1954 verstorbenen Schriftstellerin Colette, mit der er befreundet war. März: Wahl in die Académie française. Am 1. Oktober hält er vor der belgischen Akademie, am 20. Oktober vor der Académie française seine Antrittsreden.

1956 Dekoration der Kapelle Saint-Pierre in Villefranche. Ehrendoktor der Universität Oxford; bedankt sich mit seinem *Discours d'Oxford*.

1957 Ehrenmitglied des New Yorker Institute of Arts and Letters. Wandmalereien im Trausaal des Rathauses von Menton. Veröffentlicht die spanischen Impressionen *La Corrida du 1er Mai* und, zusammen mit Louis Aragon, *Entretiens sur le Musée de Dresde* (Gespräche über die Dresdener Galerie).

1958 Ausstellung seiner Töpfereien. Hält die Reden *Discours sur la poésie* und, in Gegenwart der belgischen Königin, *Les*

Armes secrètes de la France. Veröffentlicht den Gedichtband *Paraprosodies*.

1959 Januar: Blutsturz, schreibt, ans Krankenbett gefesselt, an den Gedichten zu *Le Requiem*. 12. Juni: Uraufführung des Mimodrams *Le Poète et sa muse*. Schmückt die Kapelle Saint-Blaise-des-Simples in Milly-la-Forêt und die Kapelle der Kirche Notre-Dame-de-France in London aus. Herbst: Dreharbeiten zu seinem letzten Film *Le Testament d'Orphée*. Veröffentlicht die von Gedichten begleiteten Zeichnungen *Gondole des morts*.

1960 *Le Testament d'Orphée* läuft in den Kinos an. Wird zum »Prince des poètes«, zum »Dichterfürsten« gewählt – Anlaß für André Breton, seine alte Feindschaft wieder aufleben zu lassen. Reise nach Spanien. November/Dezember: Ausstellung des graphischen und malerischen Werks in Nancy.

1961 Kommandeur der Ehrenlegion. Aufenthalte in Marbella (Spanien). Veröffentlicht den Gedichtband *Cérémonial espagnol du Phénix suivi de La Partie d'échecs*. Dezember: verfaßt das Stück *L'Impromptu du Palais-Royal*.

1962 1. Mai: Die Truppe der Comédie-Française führt während einer Tournee in Tokio erstmals *L'Impromptu du Palais-Royal* auf. Man tritt mit zahlreichen kunsthandwerklichen Aufträgen für Kostüme, Bühnenbilder, Mosaiken etc. an ihn heran. Der autobiographische Essay *Le Cordon ombilical* und *Le Requiem* erscheinen.

1963 stellt den Essayband *La Comtesse de Noailles oui et non* zusammen. 22. April: Herzanfall. Zieht sich in sein Haus nach Milly-la-Forêt zurück; dort stirbt er am 11. Oktober.

Zur Erstellung dieser Chronologie wurden insbesondere die Biographien von J.-J. Kihm/E. Sprigge/H. Béhar (*Jean Cocteau. L'homme et les miroirs*, Paris, 1968) und Francis Steegmuller (*Cocteau*, Boston/Toronto, 1970) sowie der bibliographische Überblick, den Jacques Brosse in seiner Monographie *Cocteau* (Paris, 1970) gibt, zu Rate gezogen.

Eine ausführliche Bibliographie der Werke Jean Cocteaus enthält der Band »Kritische Poesie IV« der vorliegenden Ausgabe.

fi 1056/1

Louis Aragon

Louis Aragon wurde 1897 in Paris geboren. Er war bis 1932 einer der Hauptvertreter des französischen Surrealismus; er war während des Zweiten Weltkriegs als Lyriker eine der wichtigsten Gestalten des literarischen Widerstands und trug auch nach dem Krieg durch zahlreiche Romane, ein reiches lyrisches Werk sowie durch seine Tätigkeit als Herausgeber der Kulturzeitschrift ›Les Lettres Françaises‹ entscheidend zur Prägung der französischen Gegenwartsliteratur bei. Aragon starb 1982 in Neuilly bei Paris.

Die Abenteuer des Telemach
Erzählung
Band 5879

Die Glocken von Basel
Roman
Band 5903

Die Viertel der Reichen
Roman
Band 5904

Das Wahr-Lügen
Erzählungen
Band 5831

Fischer Taschenbuch Verlag

fi 495/1

Cesare Pavese

»Als Mensch ist er an seiner Einsamkeit und Schwermut zerbrochen: aber seine unerfüllte Sehnsucht nach dem einfachen Glücklichsein hat tiefe Spuren in all seinen Werken hinterlassen. Man konstatiert das mit der immer gleichen Ergriffenheit.

Salzburger Nachrichten

Am Strand
Roman
Band 5303

Der böse Blick
Erzählungen
Band 5347

Der Genosse
Roman
Band 5302

Der schöne Sommer
Roman. Band 5899

Der Teufel auf den Hügeln
Roman. Band 5965

Die einsamen Frauen
Roman. Band 5305

Die Selbstmörder
Erzählungen
Band 5348

Band 5348

Nacktheit
Erzählungen
Band 5349

Unter Bauern
Roman. Band 5304

Fischer Taschenbuch Verlag

fi 136/7